Der kleine Major Tom

Der kleine Major Tom, seine beste Freundin Stella und die Roboterkatze Plutinchen leben auf der Raumstation Space Camp 1. Nachdem Toms Vater die Raumstation für einen Einsatz auf dem Mars verlassen musste, sind die drei auf sich alleine gestellt. Doch auch ohne Eltern forschen sie begeistert weiter und meistern den Alltag im All.

TOM

... liebt das All und ganz besonders den blauen Planeten Erde. Er ist immer zur Stelle, wenn Not am Mann ist, und tut alles für Stella und Plutinchen.

STELLA

... ist die beste Freundin vom kleinen Major Tom. Sie ist Expertin in Geschichte und liebt Computerspiele. Bei jeder Mission hilft sie ihren Freunden, wo sie nur kann.

PLUTINCHEN

... ist eine schlaue Roboterkatze und ständige Begleiterin vom kleinen Major Tom und Stella. Wenn es brenzlig wird, hat sie immer gute Ideen.

Von mir bekommst du auf vielen Seiten interessante Zusatzinformationen!

© 2020 TESSLOFF VERLAG
Burgschmietstraße 2-4, 90419 Nürnberg
Alle Rechte vorbehalten
Text: Dr. Bernd Flessner
Cover- und Innenillustrationen: Stefan Lohr
Idee/Mitwirkung: Peter Schilling
Lizenz: MajorTon Entertainment KG
Major Tom und Völlig losgelöst sind Marken der MajorTon Entertainment KG
Fachliche Beratung: Dr. Volker Kratzenberg-Annies
Grafische Gestaltung/Cover: Martina Green, Uwe Herrlen, Stefan Lohr
Grafische Gestaltung/Innenteil: Martina Green, Birgit Scheuerlein
Bildredaktion: Christine Schmidt-Rudloff
Lektorat: Anja Kunze
Projektleitung: Silke Neubert

http://www.tessloff.com

ISBN 978-3-7886-4113-9

Dieses Buch entstand in Zusammenarbeit mit dem Deutschen Zentrum
für Luft- und Raumfahrt (DLR), das den Text auf fachliche Richtigkeit
überprüft hat.

Deutsches Zentrum
DLR für Luft- und Raumfahrt

Dr. Bernd Flessner

Der kleine Major Tom

Space School

Abenteuer Raumfahrt

Mit Illustrationen von Stefan Lohr

Der kleine Major Tom entstand nach einer Idee und unter Mitwirkung von Peter Schilling.

In Zusammenarbeit mit

DLR Deutsches Zentrum
für Luft- und Raumfahrt

TESSLOFF

INHALT

Lass uns loslegen!

4. Stunde

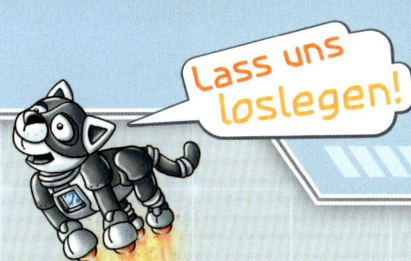

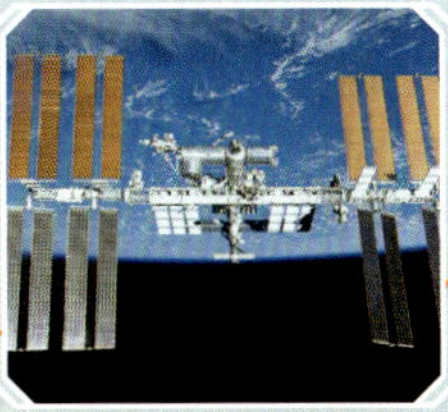

5. Stunde

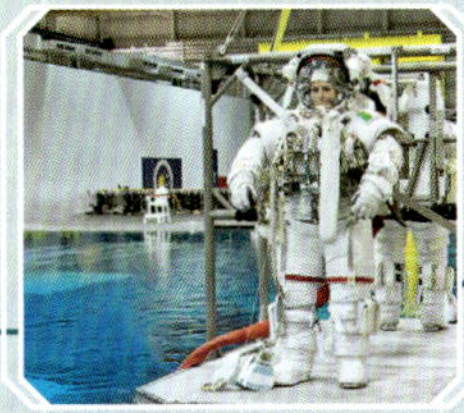

6. Stunde

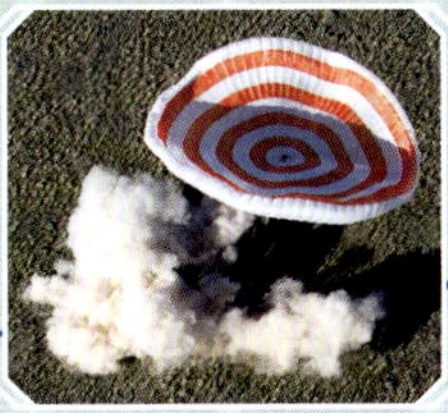

Wie alle Kinder müssen auch der kleine Major Tom und Stella zur Schule gehen. Da sie jedoch auf der Raumstation Space Camp 1 leben, ist ein täglicher Flug zu einer Schule auf der Erde natürlich nicht möglich. Daher werden sie in ihrem Schulmodul unterrichtet. Hier haben sie genügend Platz, einen großen Monitor und können sogar verschiedene Experimente durchführen. Lehrerinnen und Lehrer haben sie natürlich auch. Da diese aber ebenfalls nicht jeden Tag zur Raumstation fliegen können, unterrichten sie die Kinder von der Bodenstation aus. Tom und Stella sehen sie dann auf dem großen Monitor. Dieses Lernen über große Entfernungen nennt sich übrigens Tele-Learning. Es wird auch eingesetzt, wenn Astronauten mehrere Monate im All sind,

um ihre Kenntnisse aus dem Training wiederaufzufrischen.

Eine Lehrerin ist allerdings doch höchstpersönlich an Bord, nämlich die Roboterkatze Plutinchen. Sie verfügt über künstliche Intelligenz und hilft den Lehrern und den beiden Schülern. Selbstverständlich nutzen Stella und Tom modernste Technik. Sie können im Internet nach Informationen suchen und sogar mit Forschern sprechen. Und mit ihrem Space Racer können sie zur Erde und zum Mond fliegen, um sie zu erforschen. Aber das ist nicht der einzige Unterschied zum Unterricht in einer normalen Schule. Denn Stella und Tom müssen neben den bekannten Fächern wie Rechnen, Erdkunde, Englisch oder Physik auch Themen behandeln, die mit ihrer Aufgabe als Forscher

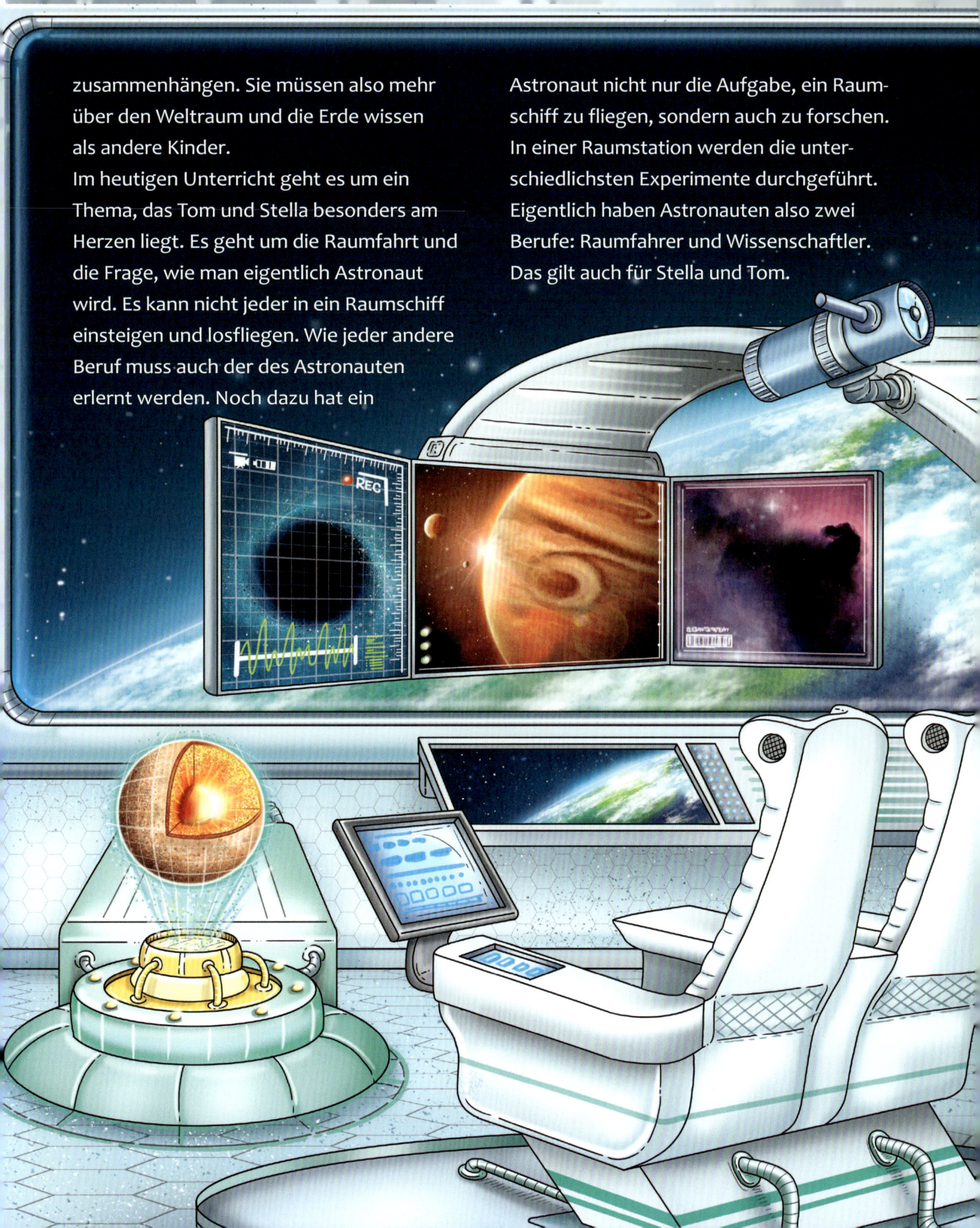

zusammenhängen. Sie müssen also mehr über den Weltraum und die Erde wissen als andere Kinder.

Im heutigen Unterricht geht es um ein Thema, das Tom und Stella besonders am Herzen liegt. Es geht um die Raumfahrt und die Frage, wie man eigentlich Astronaut wird. Es kann nicht jeder in ein Raumschiff einsteigen und losfliegen. Wie jeder andere Beruf muss auch der des Astronauten erlernt werden. Noch dazu hat ein

Astronaut nicht nur die Aufgabe, ein Raumschiff zu fliegen, sondern auch zu forschen. In einer Raumstation werden die unterschiedlichsten Experimente durchgeführt. Eigentlich haben Astronauten also zwei Berufe: Raumfahrer und Wissenschaftler. Das gilt auch für Stella und Tom.

REC

Menschen im All

Wer war der erste Mensch im All?

Tom und Stella hatten sich auf ihren Sitzen vor dem großen Monitor im Schulmodul angeschnallt. Plutinchen stand mit ihren Haftfüßen fest auf der Bordwand. Der Unterricht konnte beginnen.

„Wie wird man Astronaut?", wiederholte Stella eine der Fragen des heutigen Schultags. „Das wissen wir doch längst."

„Stimmt", nickte Tom.

„Aber wisst ihr wirklich alles?", fragte Plutinchen. „Es gibt bestimmt Dinge, die ihr noch nicht wisst."

„Da sind wir aber gespannt", entgegnete Stella, während auf dem Monitor die Lehrerin erschien. Sie begrüßte die Kinder und begann den Unterricht mit einer einfachen Frage: „Wer war der erste Mensch im All?"

„Juri Gagarin", antwortete Stella blitzschnell. „Das war 1961."

„Das stimmt", nickte die Lehrerin. „Er war der erste Kosmonaut. Aber hat mit ihm auch die Geschichte der Raumfahrt begonnen?"

„Mit Sputnik, dem ersten Satelliten", antwortete Tom. „Mit ihm hat alles angefangen. Das war 1957."

„Aber wer hatte zuerst die Idee, ins All zu fliegen, wisst ihr das?", fragte die Lehrerin. Tom und Stella sahen sich fragend an.

„Die Idee ist wahrscheinlich älter. Es gibt ja zum Beispiel die Romane von Jules Verne, in denen Menschen zum Mond fliegen", antwortete Stella schließlich.

„Jetzt wird die Sache spannend", schnurrte Plutinchen.

„Aber was hat das mit echter Raumfahrt zu

Mit konzentriertem Blick sitzt Juri Gagarin im Bus, der ihn zur Startrampe des Wostok-Raumschiffs bringt. Er war der erste Mensch, der ins All geflogen ist.

1961

Ein Techniker arbeitet an dem ersten sowjetischen Satelliten: Sputnik 1.

tun?", fragte Tom. „Das ist doch nur eine Geschichte und gar nicht wirklich passiert." „Aber es geht ja um die Frage, wann die Idee für einen Flug in den Weltraum entstanden ist", entgegnete die Lehrerin. „Diese Idee hatte tatsächlich schon Jules Verne – und damit hat er die weitere Entwicklung beeinflusst. Viele wichtige Ingenieure, die später die ersten Raketen und Raumschiffe entwickelten, haben seine Bücher gelesen und waren davon begeistert."

1957

Plutinchen-Wissen!

Der Franzose Jules Verne lebte von 1828 bis 1905. Seine beiden Romane „Von der Erde zum Mond" (1865) und „Reise um den Mond" (1870) erschienen vor sehr langer Zeit. Sie schildern den Flug von drei Astronauten zum Mond.

„Die Bücher von Jules Verne sind also Teil der Raumfahrtgeschichte", überlegte Stella.

2008

Die ESA benannte ihr erstes Transportraumschiff nach dem Schriftsteller Jules Verne. Es flog 2008 zur Internationalen Raumstation (ISS).

„Ganz genau", nickte die Lehrerin. „Denn bevor Menschen etwas planen oder bauen, etwas entwickeln oder konstruieren, muss eine Idee vorhanden sein. Man könnte auch sagen eine Vorstellung, eine Ahnung oder ein Bild im Kopf."

„Oder ein Roman von einem Schriftsteller", ergänzte Stella.

„Er denkt sich dann solche Ideen aus", fügte Tom noch hinzu.

„Und das oft sehr lange, bevor Menschen sich überhaupt daranmachen können, diese Ideen zu verwirklichen. Das gilt auch für die Raumfahrt."

„Aber wer hatte denn nun zum ersten Mal die Idee, ins All zu fliegen?", fragte Tom.

„Anscheinend war das Jules Verne", antwortete Stella.

„Es war sogar noch sehr viel früher", erklärte die Lehrerin. „Zur Zeit des römischen Kaiserreichs. Damals hat der Schriftsteller Lukian von Samosata eine Erzählung geschrieben. Das war so um das Jahr 150 nach Christus. In dieser Erzählung, die er ‚Wahre Geschichten' genannt hat, fliegt er zusammen mit Freunden zum Mond. Als Raumschiff dient ein gewöhnliches Schiff, das von einem ziemlich starken Sturm ins All befördert wird. Diese Erzählung wird als Vorläufer der Science-Fiction angesehen."

„Dann war also Lukian von Samosata der erste Astronaut?", fragte Stella. „Jedenfalls in seiner Fantasie, aus der er eine Geschichte gemacht hat."

„Ganz genau", antwortete die Lehrerin.

„Was hat er auf dem Mond gefunden?", wollte Tom wissen.

„Mondbewohner natürlich", sagte die Lehrerin.

„Aliens?", wunderte sich Tom. „Die gab es schon im Römischen Reich? Ich meine, die konnte man sich damals schon vorstellen?"

„Warum nicht?", lautete die Antwort. „Es gab ja einige griechische Forscher, die sich schon vor weit über 2 000 Jahren sicher waren, dass sich die Erde um die Sonne dreht. Im Mond sahen sie eine Art kleine Erde mit Meeren und Gebirgen. Warum sollte es dort ihrer Ansicht nach nicht auch Leben geben?"

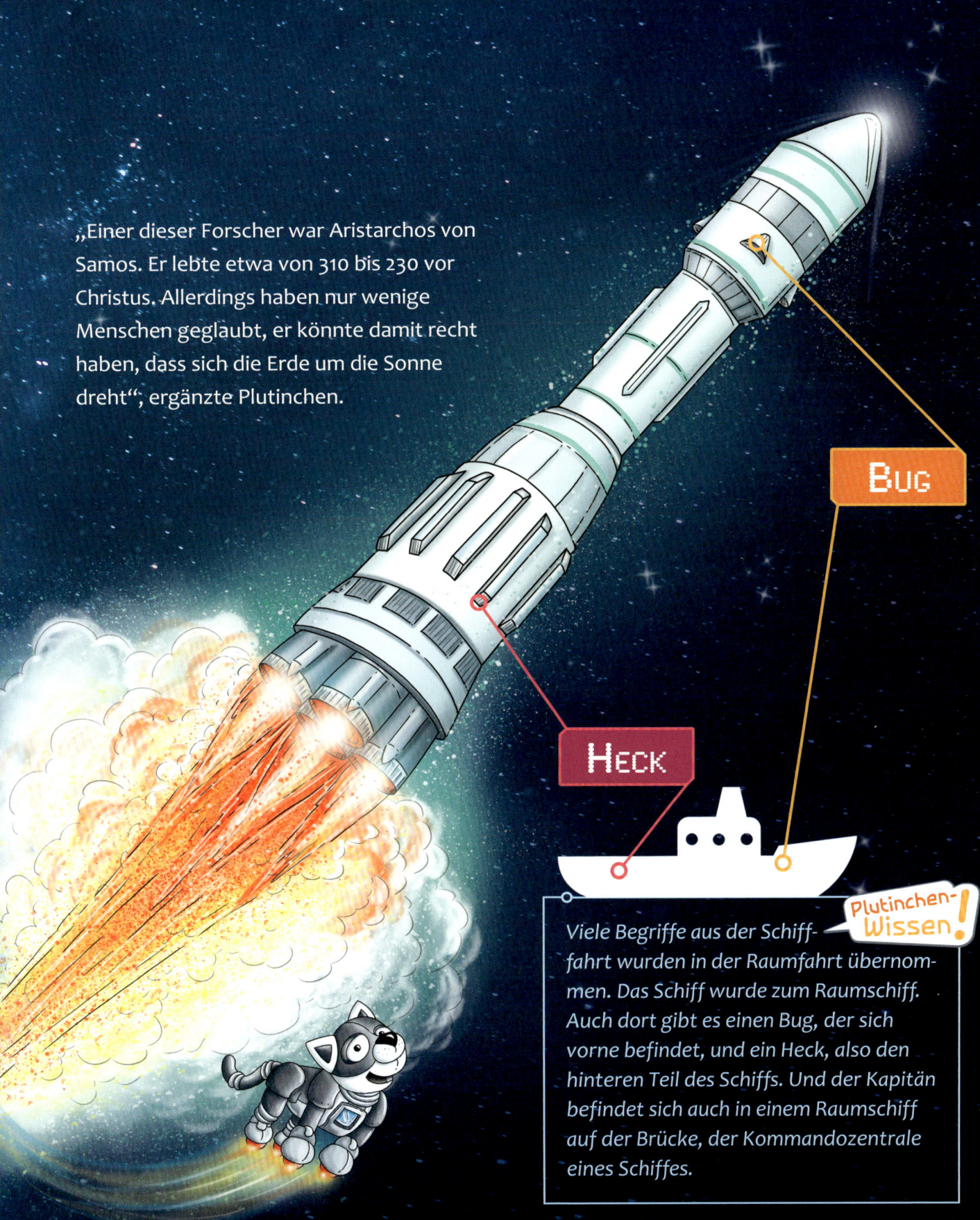

„Einer dieser Forscher war Aristarchos von Samos. Er lebte etwa von 310 bis 230 vor Christus. Allerdings haben nur wenige Menschen geglaubt, er könnte damit recht haben, dass sich die Erde um die Sonne dreht"; ergänzte Plutinchen.

BUG

HECK

Plutinchen-Wissen!

Viele Begriffe aus der Schifffahrt wurden in der Raumfahrt übernommen. Das Schiff wurde zum Raumschiff. Auch dort gibt es einen Bug, der sich vorne befindet, und ein Heck, also den hinteren Teil des Schiffs. Und der Kapitän befindet sich auch in einem Raumschiff auf der Brücke, der Kommandozentrale eines Schiffes.

„Also haben die Menschen schon vor so langer Zeit davon geträumt, zum Mond zu fliegen", sagte Tom.

„Bestimmt schon früher", erklärte die Lehrerin. „Aber das wissen wir nicht, denn Lukian von Samosata war der erste Mensch, der diesen Traum aufgeschrieben hat."

„Gab es noch mehr Schriftsteller, die diesen Traum beschrieben haben?", fragte Stella. „Ich meine, nach Lukian von Samosata?"

„Das ist jetzt eure Aufgabe", erklärte die Lehrerin. „Findet es heraus."

„Kein Problem", antwortete Tom. Wenig später hatten sie ein paar Namen gefunden.

„Das sind aber nur ein paar von den Schriftstellern, die wir gefunden haben", sagte Stella. „Es waren nämlich noch einige mehr."

„Jules Verne hatte Plutinchen ja vorhin schon erwähnt. Bei ihm ist uns aufgefallen, dass die drei Astronauten kein Schiff oder einen Ballon verwenden, sondern ein richtiges Raumschiff", fuhr Tom fort. „Es gibt auch Schwerelosigkeit und Geräte, die an Bord die Atemluft erneuern. Technik spielt bei Verne eine sehr große Rolle und vieles ähnelt den echten Flügen von Astronauten zum Mond, die erst 100 Jahre später stattfanden."

Illustrationen aus der Geschichte „Von der Erde zum Mond" von Jules Verne aus dem Jahr 1865.

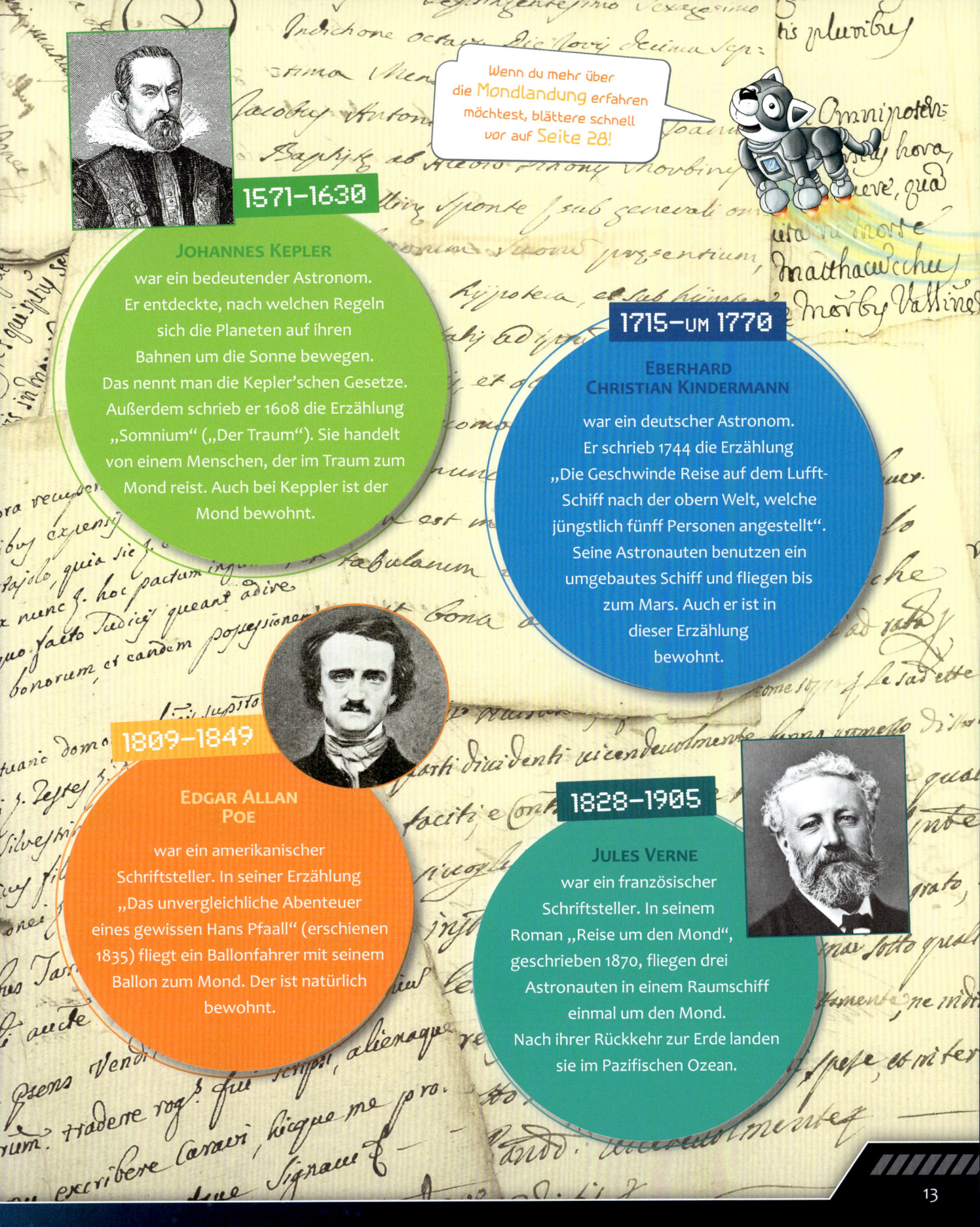

Wenn du mehr über die Mondlandung erfahren möchtest, blättere schnell vor auf Seite 28!

1571–1630

JOHANNES KEPLER

war ein bedeutender Astronom. Er entdeckte, nach welchen Regeln sich die Planeten auf ihren Bahnen um die Sonne bewegen. Das nennt man die Kepler'schen Gesetze. Außerdem schrieb er 1608 die Erzählung „Somnium" („Der Traum"). Sie handelt von einem Menschen, der im Traum zum Mond reist. Auch bei Keppler ist der Mond bewohnt.

1715–um 1770

EBERHARD CHRISTIAN KINDERMANN

war ein deutscher Astronom. Er schrieb 1744 die Erzählung „Die Geschwinde Reise auf dem Lufft-Schiff nach der obern Welt, welche jüngstlich fünf Personen angestellt". Seine Astronauten benutzen ein umgebautes Schiff und fliegen bis zum Mars. Auch er ist in dieser Erzählung bewohnt.

1809–1849

EDGAR ALLAN POE

war ein amerikanischer Schriftsteller. In seiner Erzählung „Das unvergleichliche Abenteuer eines gewissen Hans Pfaall" (erschienen 1835) fliegt ein Ballonfahrer mit seinem Ballon zum Mond. Der ist natürlich bewohnt.

1828–1905

JULES VERNE

war ein französischer Schriftsteller. In seinem Roman „Reise um den Mond", geschrieben 1870, fliegen drei Astronauten in einem Raumschiff einmal um den Mond. Nach ihrer Rückkehr zur Erde landen sie im Pazifischen Ozean.

Raumfahrt und Raketen

Wie baut man eine echte Rakete?

„Also, Ideen gab es genug", stellte Stella fest. „Jules Vernes Romane wurden ja weltbekannt. Aber hat denn damals niemand versucht, eine richtige Rakete zu bauen?"
„Natürlich", lächelte die Lehrerin. „Und viele Pioniere der Raumfahrt haben dabei an die Romane von Jules Verne gedacht. Sie waren ein Vorbild für die tatsächliche Entwicklung. Einer der ersten Menschen, der eine Rakete bauen wollte, war Hermann Ganswindt aus Berlin."

„Es fehlten einfach genaue Berechnungen für einen Flug ins All", erklärte die Lehrerin. „Und die lieferte Konstantin Eduardowitsch Ziolkowski, ein begeisterter Leser von Jules Verne. Von ihm stammt der Satz: *‚Erst kommen das Denken, die Fantasie und die Märchen, dann die wissenschaftliche Berechnung.'*"

Hermann Ganswindt hat schon als Schüler gerne getüftelt und experimentiert. Er gilt als Erfinder des Hubschraubers.

Plutinchen-Wissen!

Hermann Ganswindt lebte von 1856 bis 1934 und war von Beruf Erfinder. Ab 1880 entwarf er ein Raumschiff, das er ‚Weltenfahrzeug' nannte. Eine Rakete mit einem Rückstoßantrieb. Als Treibstoff sollte Dynamit dienen, ein Sprengstoff. Er hat durch Vorträge dafür geworben, sein Raumschiff tatsächlich zu bauen. Aber daraus wurde nichts. Die Technik war einfach noch nicht so weit.

Bei der Beschäftigung mit dem „Weltenfahrzeug" ist Hermann Ganswindt schon auf viele technische Probleme gestoßen, die die Raumfahrt auch heute noch beschäftigen.

Spannende Informationen zum Rückstoßantrieb gibt es auf Seite 18!

Raketengrundgleichung:
Je stärker der Ausstoß,
desto schneller ist die Rakete.

$$v_{max} = u_b \cdot \ln\left(\frac{m_o}{m_e}\right)$$

„Auch Hermann Oberth hatte Jules Verne gelesen und begann, mehrstufige Raketen zu entwickeln", fuhr die Lehrerin fort. „Die Ergebnisse veröffentlichte er 1923 in dem Buch ,Die Rakete zu den Planetenräumen'."

„Hermann Oberth lebte von 1894 bis 1989 und stammte aus Siebenbürgen im heutigen Rumänien. Er ist auch der Erfinder des Ionenantriebs, eines elektrischen Raketenantriebs, der heutzutage viele Raumsonden antreibt", fügte Plutinchen hinzu.

„Dank der Berechnungen von Ziolkowski und Oberth konnten sich endlich die Entwickler und Konstrukteure daranmachen, echte Raketen zu bauen", wusste die Lehrerin. „Und genau das geschah auch in der ersten Hälfte des 20. Jahrhunderts."

„ Erst kommen das Denken, die Fantasie und die Märchen, dann die wissenschaftliche Berechnung. "

Plutinchen-Wissen!

Der Russe Konstantin Ziolkowski lebte von 1857 bis 1935. Er veröffentlichte 1903 die Raketengrundgleichung. Mit ihr lässt sich berechnen, wie schnell eine Rakete mit ihrem Treibstoff fliegen kann.

Konstantin Ziolkowski war seit seinem zehnten Lebensjahr nahezu taub.

„Wer hat denn jetzt die erste richtige Rakete entwickelt?", fragte Stella.

„Das war der amerikanische Physiker Robert Goddard", antwortete die Lehrerin. „Er lebte von 1882 bis 1945 und begann zunächst mit genauen Berechnungen, welche Eigenschaften eine Rakete haben muss, um eine Erdumlaufbahn oder den Mond zu erreichen. 1916 fing er an, kleine Raketen zu bauen, die mit flüssigem Treibstoff angetrieben wurden."

„Also nicht mit Schwarzpulver wie bei einer Silvesterrakete", warf Tom ein.

„Ganz genau", stimmte die Lehrerin zu. „Aber wisst ihr auch, warum er keine Feststoffrakete einsetzen wollte?"

„Das ist nicht schwer", wusste Tom. „In einer Feststoffrakete ist Pulver. Und wenn das erst einmal entzündet ist, verbrennt es bis zum letzten Krümel. Man kann die Verbrennung nicht stoppen oder regeln."

Plutinchen-Wissen!

Eine Feststoffrakete besteht aus einer Röhre, deren vorderes Ende fest verschlossen ist. Am unteren Ende befindet sich eine kleine Öffnung, die als Düse dient. Der Treibstoff besteht meistens aus einem Pulver, das in die Röhre gepresst wird. Dieses Pulver verbrennt explosionsartig. Die dabei entstehenden Gase schießen mit hoher Geschwindigkeit aus der Düse und treiben so die Rakete an. Entzündet wird der Treibstoff am unteren Ende an der Düse.

FESTSTOFFRAKETE

1 vorne fest verschlossen

2 Pulver explodiert

3 Gas schießt aus der Düse

Das sind ganz schön viele Informationen auf einmal ... Brauchst du eine Pause? Dann schau mal auf Seite 20 vorbei!

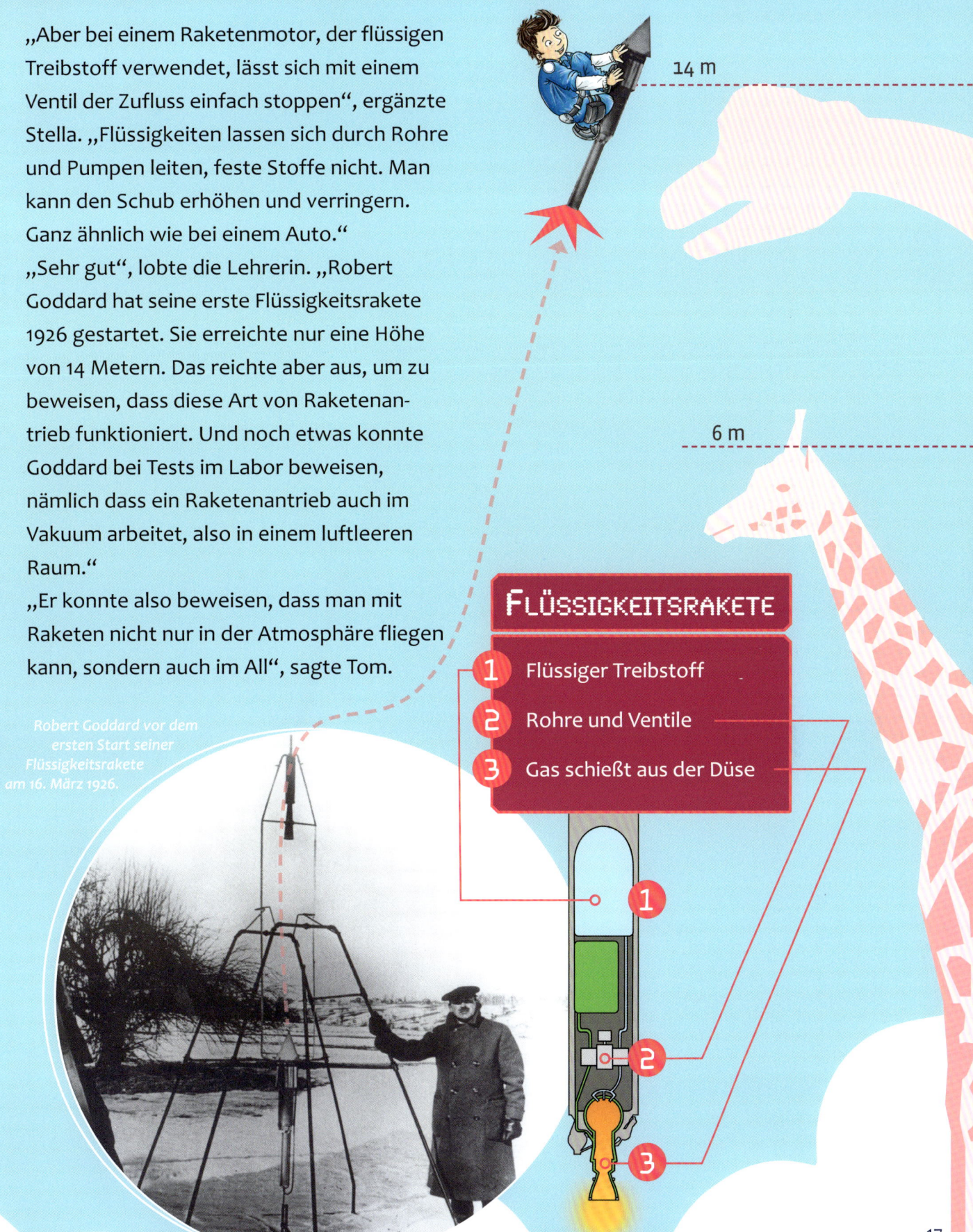

„Aber bei einem Raketenmotor, der flüssigen Treibstoff verwendet, lässt sich mit einem Ventil der Zufluss einfach stoppen", ergänzte Stella. „Flüssigkeiten lassen sich durch Rohre und Pumpen leiten, feste Stoffe nicht. Man kann den Schub erhöhen und verringern. Ganz ähnlich wie bei einem Auto."

„Sehr gut", lobte die Lehrerin. „Robert Goddard hat seine erste Flüssigkeitsrakete 1926 gestartet. Sie erreichte nur eine Höhe von 14 Metern. Das reichte aber aus, um zu beweisen, dass diese Art von Raketenantrieb funktioniert. Und noch etwas konnte Goddard bei Tests im Labor beweisen, nämlich dass ein Raketenantrieb auch im Vakuum arbeitet, also in einem luftleeren Raum."

„Er konnte also beweisen, dass man mit Raketen nicht nur in der Atmosphäre fliegen kann, sondern auch im All", sagte Tom.

Robert Goddard vor dem ersten Start seiner Flüssigkeitsrakete am 16. März 1926.

14 m

6 m

FLÜSSIGKEITSRAKETE

1 Flüssiger Treibstoff

2 Rohre und Ventile

3 Gas schießt aus der Düse

17

Isaac Newton ist ein berühmter Wissenschaftler. Er lebte und forschte in Großbritannien.

„Das liegt am Rückstoßantrieb", erklärte die Lehrerin. „Denn eine Rakete stößt sich ja nicht von ihrer Umgebung ab, also etwa von der Luft, der Atmosphäre oder vom Boden, sondern von ihren Verbrennungsgasen. Jede Kraft hat eine gleich starke Gegenkraft zur Folge. Die Aktion entspricht der Reaktion."

Plutinchen-Wissen!

Dieses physikalische Gesetz wurde von dem englischen Naturforscher Isaac Newton (1643–1727) entdeckt. Es ist als drittes newtonsches Gesetz bekannt und wurde von ihm so aufgeschrieben: Kräfte treten immer paarweise auf. Übt ein Körper A auf einen anderen Körper B eine Kraft aus (Aktion), so wirkt eine gleich große, aber entgegengerichtete Kraft von Körper B auf Körper A (Reaktion).

„Die Aktion, das ist bei einer Rakete das sehr schnell ausströmende Gas", erläuterte die Lehrerin. „Die Reaktion ist die Vorwärtsbewegung der Rakete. Je schwerer eine Rakete ist, umso mehr ausströmendes Gas benötigt man. Plutinchen hat ein kleines Experiment vorbereitet."

Reaktion

Aktion!!

Das ist zwar kein echtes Foto eines Raketenstarts, doch man sieht, dass so ein Raketenstart spektakulär ist!

Zeit für ein Experiment!

Luftballonrakete

Du brauchst:

★ Einen länglich geformten Luftballon
★ Eine Schnur, etwa fünf Meter lang
★ Einen Papierstrohhalm
★ Klebestreifen
★ Und ganz wichtig – zwei Forscher

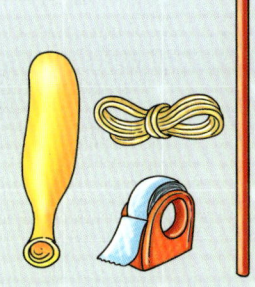

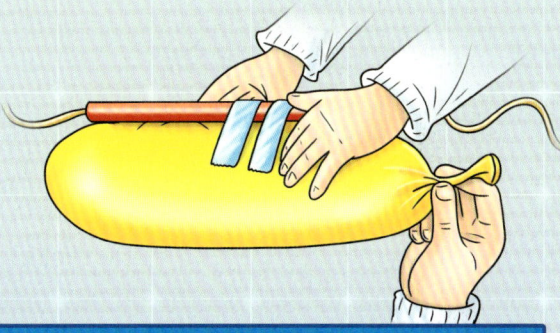

Der Luftballon wird aufgeblasen und an der Öffnung mit zwei Fingern verschlossen. 1

Jetzt wird der Strohhalm am Ballon befestigt. Anschließend wird die Schnur durch die Röhren gefädelt und die Schnur zwischen zwei Bäumen, Stuhllehnen oder Haken straff gespannt. 2

Der Ballon wird zu einem Ende der Schnur gezogen und die Öffnung losgelassen. 3

Der Ballon fliegt nun entlang der Schnur. Durch Aufblasen des Ballons bei nicht mehr straff gespannter Schnur kann man das Experiment leicht wiederholen. 4

Erste Pause

„Leider haben wir keinen Pausenhof", meinte Stella. „Also schnell in die Küche und einen Space Tea trinken."

„Und ich hänge mich an die Steckdose", sagte Plutinchen. „Mein Akku ist fast leer."

„Meiner auch", murrte Tom. „Das ist ja ganz schön viel Stoff. Ganz abgesehen von den griechischen Raumfahrern, die mit ihrem Schiff in Gedanken zum Mond geflogen sind. Muss man das denn wissen?"

Stella stieß sich von der Konsole vor ihr ab und schwebte voraus in die Bordküche.

„Für unsere Arbeit an Bord ist das natürlich nicht erforderlich", erwiderte Stella.

„Aber es ist gut zu wissen, wie lange sich die Menschen schon Gedanken über Reisen ins All gemacht haben. Niemand weiß, wann Menschen das erste Mal den Sternenhimmel betrachtet und sich gefragt haben, wie der wohl beschaffen ist. Das ist eine Frage, die aber wahrscheinlich so alt ist wie die Menschheit. Was ist dort oben?"

„Verstehe", sagte Tom in der Bordküche.

„Und irgendwann haben sie dann die ersten Sternwarten gebaut und die Bahnen der Planeten verfolgt. Sonne und Mond waren natürlich besonders wichtig."

„Das nennt ihr also Pause?", fragte Plutinchen, die ihre Schwanzspitze in eine Steckdose steckte. „Ihr seid ja noch mitten im Unterricht."

„Na und?", entgegnete Tom. „Das ist doch auch spannend. Stell dir das einmal vor. Schon vor vielen Tausend Jahren haben Menschen wissen wollen, was da oben ist. Sind es Götter? Ist es eine große Kugel, auf der die Sterne als kleine Lichter befestigt sind? Und wir sind jetzt hier und kreisen um die Erde. Ist das nicht fantastisch?"

„Fantastisch ist aber auch der Space Tea", sagte Stella. „Den trinken die Menschen auch schon viele Tausend Jahre. Also Tee. Passt also bestens zusammen, Raumfahrt und Tee."

„Und so ein Vollkornriegel", freute sich Tom. „Den brauche ich jetzt, denn in wenigen Minuten geht es schon weiter. Wie in unserer alten Schule auf der Erde. Nur ohne Hausmeister und Schulrektor."

„Du denkst wohl, du kannst dich drücken,

nur weil wir hier oben sind?", grinste Stella.

„Na ja, ein bisschen schon", nickte Tom.

„Und wir müssen ja auch noch mehr lernen als unsere alten Schulfreunde. Die können nachmittags Fahrrad fahren oder schwimmen gehen."

„Ja, das stimmt. Das mit dem Fahrradfahren ist hier oben tatsächlich eher schwierig",

lachte Stella und trank ihren Tee aus.

„So, langsam müssen wir zurück", unterbrach Plutinchen das Gespräch von Tom und Stella. „Es geht weiter."

„Hoffentlich geht es jetzt endlich mal ins All", meinte Tom und stieß sich von der Bordwand ab. Langsam schwebten sie zurück ins Schulmodul.

3. Stunde

Anfänge der Raumfahrt

Die erste Rakete fliegt ins All

„Wann ist denn nun die erste Rakete in den Weltraum geflogen", wollte Tom wissen.

„Das war am 20. Juni 1944", antwortete die Lehrerin. „Es war eine deutsche Rakete mit dem Namen Aggregat 4 oder kurz A4. Sie hat eine Höhe von rund 175 Kilometer erreicht."

„Damals gab es schon Weltraumforschung?", fragte Stella.

„Nein, leider nicht", antwortete die Lehrerin. „Die Rakete wurde als Waffe während des Zweiten Weltkriegs entwickelt und auch eingesetzt. Unter dem Namen V2 hat sie viele Menschen getötet, denn mit ihr wurden Städte wie London beschossen. Auch starben Tausende von Häftlingen bei der Herstellung der Raketen. Konstruiert wurde sie vor allem von Wernher von Braun."

0–20 KM TROPOSPÄHRE

20–50 KM STRATOSPÄHRE

Plutinchen-Wissen!

Die Grenze zum Weltall wird Kármán-Linie genannt und liegt bei genau 100 Kilometern Höhe. Ihren Namen verdankt sie dem ungarischen Physiker Theodore von Kármán (1881–1963).

50–85 KM MESOSPÄHRE

WELTALL

Die Atmosphäre unserer Erde besteht aus mehreren Schichten. Sie reicht vom Erdboden bis ins Weltall.

Wernher von Braun lebte von 1912 bis 1977 und war ein deutscher Ingenieur. Ab 1930 entwickelte er zusammen mit Hermann Oberth Raketen mit Flüssigkeitsantrieb. Nach dem Zweiten Weltkrieg ging er in die USA und baute dort die Saturn-Rakete, mit der auch die Apollo-Astronauten zum Mond geflogen sind.

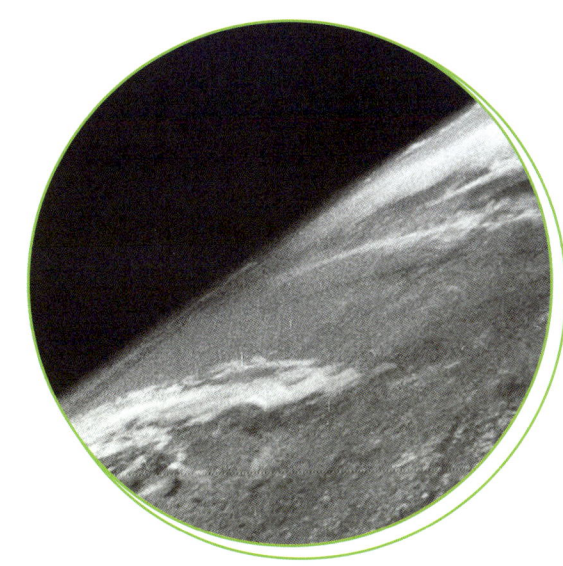

Mit einer verbesserten A4-Rakete wurde am 24. Oktober 1946 das erste Foto im Weltraum aufgenommen. Zum ersten Mal konnte man die Erde aus dem Weltraum sehen. Eine echte Sensation!

„Ich wusste doch, dass ich den Namen kenne", sagte Stella. „Er hat also die erste Rakete gebaut, die ins All geflogen ist, aber nur, um damit Krieg zu führen?"
„Genauso war es", versicherte die Lehrerin. „Raketen sind nun einmal auch Waffen. Erst später in den USA hat er für die dortige Weltraumbehörde, die NASA, Raketen zur Erforschung des Alls entwickelt. Denn die Amerikaner haben nach 1945 Teile von Deutschland besetzt. Dabei haben sie viele der A4-Raketen erbeutet und in die USA gebracht. Dort haben sie zusammen mit Wernher von Braun und seinen Mitarbeitern ein neues Forschungsprogramm ins Leben gerufen."

Eine V2-Rakete, die auf einem Tieflader durch London gefahren wird.

85–500 KM
THERMOSPÄHRE

AB 500 KM
EXOSPÄHRE

Die Exosphäre ist die äußerste Schicht der Erdatmosphäre und markiert den fließenden Übergang zum interplanetaren Raum!

„Aber den ersten Satelliten, der in eine Umlaufbahn geschossen wurde, haben nicht die Amerikaner gebaut", wusste Tom. „Nein, das waren Ingenieure aus Russland, aus der damaligen Sowjetunion", erklärte die Lehrerin. „Sie zählten auch zu den Siegern des Zweiten Weltkriegs und haben ebenfalls ein paar A4-Raketen erbeutet. Auch einige deutsche Raketenforscher konnte man in die Sowjetunion bringen. Dort wurde, wie in den USA, ein Raketenforschungsprogramm aufgebaut. Der dortige Leiter war Sergei Koroljow (1907–1966)."
„Eine Art Gegenspieler von Wernher von Braun", meinte Tom.

So sah es im Inneren von Sputnik aus: Ein Thermometer und ein Funksender waren in der Metallkugel verborgen.

„Ja, das kann man so sagen", nickte die Lehrerin. „Und als der amerikanische Präsident 1955 den Start eines Satelliten ankündigte, folgte ein paar Tage später die Sowjetunion und kündigte ebenfalls einen Satellitenstart an. Allerdings glaubte niemand, dass sie es wirklich schaffen würden. Doch der sogenannte Wettlauf ins All war damit eröffnet. Die Sowjetunion und die USA waren ja nach dem Ende des Zweiten Weltkriegs nicht mehr Verbündete, sondern Gegner geworden. Jede Seite wollte zeigen, wie überlegen sie ist."
„Ich weiß", sagte Stella. „Die Amerikaner hatten die Russen unterschätzt, vor allem Koroljow."
„Das hatten sie", meinte die Lehrerin. „Am 4. Oktober 1957 wurde überall auf der Welt ein sonderbares Funksignal aufgefangen, ein merkwürdiges Piepsen aus dem All."
„Sputnik!"

PlutinchenWissen!

Sputnik ist ein russisches Wort und bedeutet Begleiter oder Weggefährte. Gemeint ist damit ein künstlicher Begleiter der Erde. Damals hat man auch von einem künstlichen Mond gesprochen.

Der Physiker George Hass begutachtet den Satelliten Explorer 1. Der künstliche Erdtrabant wurde von Cape Canaveral, Florida, aus ins All geschossen.

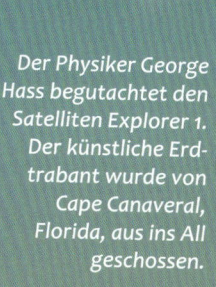

Nach zwölf Jahren im All verglühte **Explorer 1!**

Der erste amerikanische Satellit, Explorer 1, wurde am 1. Februar 1958 ins All geschossen.

„Der erste Satellit, der die Erde umkreiste, war 80 Kilogramm schwer", erklärte die Lehrerin. „So schwer wie ein großer, kräftiger Mann. Er benötigte 96 Minuten, um die Erde einmal zu umkreisen. Nach drei Monaten hatten ihn die äußeren Schichten der Atmosphäre so stark abgebremst, dass er zurück auf die Erde fiel und verglühte."

„Jetzt wusste jeder, dass das Raumfahrtzeitalter, das Space Age, endgültig begonnen hatte", sagte die Lehrerin. „Doch wie würde es weitergehen? Viele Experten waren misstrauisch und glaubten nicht an eine große Zukunft der Raumfahrt oder gar an eine bemannte Landung auf dem Mond. Der damals berühmte englische Astronom Harold Spencer Jones behauptete 1957:

Es wird viele Generationen dauern, bevor der Mensch auf dem Mond landet.

Ein Krater auf dem Mond ist nach dem Astronom Harold Spencer Jones benannt.

LAIKA

In diesem Einsatz, der Teil einer Raumkapsel war, wurde Laika ins All geschossen.

„Bevor man sich daranmachen konnte, Menschen ins All zu schicken, musste erst geklärt werden, ob Lebewesen überhaupt eine derartige Reise auch überleben würden", erklärte die Lehrerin. „Konnten sie die Strahlung aushalten, die außerhalb der Atmosphäre vorhanden ist? Stellte vielleicht auch die Schwerelosigkeit eine Gefahr dar?"

Plutinchen-Wissen!

Schon früh kam man auf die Idee, Pflanzen und Tiere ins All zu schicken. 1947 starteten die Amerikaner eine A4-Rakete mit Roggen- und Baumwollsamen sowie Fruchtfliegen ins All. Nach ihrer Rückkehr stellte man fest, dass die Fliegen noch lebten und die Samen noch keimfähig waren.

„Fliegen waren die ersten Tiere im All?", sagte Stella erstaunt. „Ich dachte, es waren Hunde?"
„Die kommen später", antwortete die Lehrerin. „1949 startete der Rhesusaffe Albert II ebenfalls mit einer A4 ins All. Leider starb er bei der Landung, weil sich der Fallschirm nicht öffnete. Bei diesen Flügen stiegen die Kapseln allerdings nur weit nach oben auf und kamen dann in hohem Bogen wieder zurück, sie umkreisten also nicht die Erde. Erst am 3. November 1957 startete die Hündin Laika an Bord von Sputnik 2 in eine Umlaufbahn. Doch auch sie starb, denn es wurde an Bord zu heiß."
„Die armen Tiere", sagte Tom.

Da haben wir den Menschen aber gezeigt, zu was wir Hunde fähig sind, nicht wahr, Strelka?

Stimmt, Belka! Ich würde ja auch gerne mal auf dem Mond Gassi gehen!

Ich bin mir sicher – eine Katze hätte das auch super hinbekommen!

Die beiden Hunde Strelka und Belka verbrachten mehr als 24 Stunden im All.

> Ich sehe die Erde!
> Ich sehe die Wolken, es ist
> bewundernswert, was für
> eine Schönheit!
> *Funkspruch*

Der Flug von Juri Gagarin dauerte eine Stunde und 48 Minuten.

JURI GAGARIN

„Dass Tiere überlebten, gelang erst mit Sputnik 5", sagte die Lehrerin. „An Bord des russischen Raumschiffs waren die beiden Hunde Strelka und Belka. Sie starteten im August 1960 und kehrten heil zurück. Der Flug war so erfolgreich, dass die Russen jetzt auch einen Menschen ins All schicken wollten."

„Das war Juri Gagarin!", rief Stella. „Am 12. April 1961 ist er mit dem Raumschiff Wostok 1 gestartet und hat die Erde einmal umrundet."

„Stimmt genau. Du kennst dich wirklich gut aus. Aus dem Orbit hat Juri Gagarin einen Funkspruch zur Bodenstation geschickt", fügte Plutinchen hinzu.

„Genau solche Gefühle haben wir auch immer wieder", sagte Tom. „Die Erde ist unglaublich von oben."

„Und Juri Gagarin wurde über Nacht zu einem großen Star, nicht nur in der Sowjetunion, sondern in der ganzen Welt", fuhr die Lehrerin fort. „Ihm zu Ehren wurden ein Krater auf dem Mond und ein Asteroid Gagarin getauft. In vielen Ländern, auch in Deutschland, erinnern Denkmäler und Straßennamen an den ersten Menschen im All."

Die Raumkapsel, mit der Juri Gagarin die Erde umrundete, landete leer. Gagarin hatte sich aus Sicherheitsgründen in sieben Kilometer Höhe mit dem Schleudersitz aus der Kapsel katapultiert und landete unversehrt auf der Erde.

Missionen zum Mond und Mars

Es geht zum Mond

„Wann hat der erste Amerikaner die Erde umrundet?", fragte Tom.

„Am 20. Februar 1962", antwortete die Lehrerin. „John Glenn umrundete die Erde gleich dreimal. Die erste Frau im All kam übrigens wieder aus Russland: Am 16. Juni 1963 flog Walentina Tereschkowa in den Weltraum."

„Na endlich!", freute sich Stella. „Das wurde aber auch Zeit, dass mal eine Frau ins All fliegt."

„Der erste Mensch, der sein Raumschiff im All verließ und einen Weltraumspaziergang unternahm, war Alexej Leonow", fuhr die Lehrerin fort. „Das war im März 1965. Der Kosmonaut schwebte zwölf Minuten im All. Lange Zeit waren die Russen den Amerikanern technisch überlegen und erzielten einen Rekord nach dem anderen. Aber dann holten die Amerikaner auf. Sie begannen 1961 ihr Apollo-Programm, mit dem sie zum Mond fliegen wollten. Während die Amerikaner dabei sehr erfolgreich waren, gab es auf russischer Seite mehrere Fehlschläge."

Plutinchen-Wissen!

Nach verschiedenen Testflügen startete am 21. Dezember 1968 Apollo 8 mit drei Astronauten an Bord zum Mond. Sie landeten jedoch nicht, sondern umrundeten den Mond zehnmal. Dann kehrten sie zur Erde zurück. Zum ersten Mal hatten Menschen die Rückseite des Mondes gesehen und fotografiert.

Am 16. Juli 1969, nach zwei weiteren Testflügen, startete Apollo 11 zum Mond", sagte die Lehrerin. „Während Michael Collins im Raumschiff den Mond umkreiste, stiegen Neil Armstrong und Buzz Aldrin in

Der Start von Apollo 8. Die erste Stufe brannte etwa zweieinhalb Minuten und beschleunigte dann die Rakete auf fast 7 000 Kilometer pro Stunde.

Auf dem Flug von Apollo 8 entstand das Bild „Earthrise" (aufgehende Erde über dem Mondhorizont).

Zwölf Menschen waren bereits auf dem Mond!

„Das ist ein kleiner Schritt für einen Menschen, aber ein großer Sprung für die Menschheit!

Weltweit verfolgten 600 Millionen Menschen am Bildschirm die ersten Schritte von Neil Armstrong auf der Mondoberfläche.

NEIL ARMSTRONG

die Landefähre um und setzten am 20. Juli auf dem Mond auf."

„Der Adler ist gelandet", strahlte Stella. „Das hat Neil Armstrong der Bodenstation gemeldet. Adler war der Name der Landefähre. Und als Armstrong als erster Mensch den Mond betrat, da hat er gesagt: Das ist ein kleiner Schritt für einen Menschen, aber ein großer Sprung für die Menschheit."

„Ganz genau", freute sich die Lehrerin. „Jedenfalls blieben die beiden Astronauten mehr als zwei Stunden auf der Mondoberfläche, sammelten Mondgestein und stellten Forschungsgeräte auf. Danach sind sie zurück in die Landefähre geklettert, haben sich einige Stunden ausgeruht und den Mond dann wieder verlassen. Nach dem Kopplungsmanöver mit dem Apollo-Raumschiff sind die drei Astronauten zur Erde zurückgeflogen. Dort mussten sie zunächst knapp drei Wochen in Quarantäne verbringen, um sicherzustellen, dass sie nicht unbekannte Bakterien vom Mond

mitgebracht hatten. Man wusste ja noch nicht viel über den Mond und ob es dort vielleicht solche einfachen Organismen gab. Doch es war alles in Ordnung. Zum ersten Mal hatten Menschen einen anderen Himmelskörper betreten."

„Aber nicht zum letzten Mal", wusste Stella. „Nach Apollo 11 sind noch fünf Mal Astronauten auf dem Mond gelandet. Zuletzt bei Apollo 17 im Dezember 1972. Die letzten drei Apollo-Missionen hatten sogar einen Mondrover dabei. Mit diesem ausklappbaren Fahrzeug, das an der Mondfähre angebracht war, konnten sich die Astronauten weiter von der Landefähre entfernen. Insgesamt haben die Apollo-Astronauten über 300 Kilogramm Mondgestein eingesammelt und zur Erde gebracht. Es wurde hier untersucht und dadurch wissen wir heute viel mehr über den Mond als früher."

SKYLAB [2]

MIR [1]

„Aber damit waren die Flüge zum Mond erst einmal beendet. Den Amerikanern wurden sie zu teuer. Und die Russen haben nach der Landung von Apollo 11 ihre Pläne aufgegeben, ebenfalls Raumfahrer zum Mond zu schicken", erzählte Stella. "Stattdessen erkundeten sie den Mond mit unbemannten Landesonden, die ebenfalls etwas Mondgestein zur Erde zurückbrachten – allerdings viel weniger als die amerikanischen Apollo-Astronauten."
„Stella weiß ja schon alles", murrte Tom.
„In der Geschichte der Raumfahrt kennt sie sich eben aus. Aber alles weiß sie bestimmt auch nicht", tröstete Plutinchen Tom.
„Nach den Mondflügen konzentrierten sich Amerikaner und Russen wieder auf die Erde", fuhr die Lehrerin fort. „Die Amerikaner bauten die Raumstation Skylab, in der 1973 und 1974 Astronauten mehrere Monate lang arbeiteten und lebten.

(1) Mehr als 100 Raumfahrer haben auf der Mir geforscht.
(2) Auf der Raumstation Skylab konnte erstmals untersucht werden, was ein Langzeitaufenthalt in der Schwerelosigkeit mit dem menschlichen Körper macht.

Plutinchen-Wissen!

Am 26. August 1978 startete zum ersten Mal ein deutscher Kosmonaut ins All. Siegmund Jähn, der von 1937 bis 2019 lebte, flog zusammen mit einem russischen Kollegen. Sieben Tage war er an Bord der Station Saljut 6 und führte viele Experimente durch.

Siegmund Jähn, der DDR-Kosmonaut, reiste zusammen mit seinem sowjetischen Kollegen Valeri Bykowski zur Saljut 6.

Rund 300 Kilogramm Mondgestein haben die Raumfahrer eingesammelt und mit auf die Erde gebracht!

Mit rund 28 000 Kilometern pro Stunde rast die ISS um die Erde.

Die italienische Raumfahrerin Samantha Cristoforetti 2015 im Columbus-Labor auf der ISS beim TripeLux-Experiment. Dabei wird untersucht, wie Zellen auf verschiedene Formen von Schwerkraft reagieren.

Noch größer war die russische Raumstation Mir, die von 1986 bis 2001 im Einsatz war. Sie wurde auch von amerikanischen, deutschen und französischen Astronauten besucht und damit zum Vorbild für die Internationale Raumstation ISS. Im Jahr 2000 nutzte erstmals eine Mannschaft die ISS. Sie wird von 16 Nationen gemeinsam betrieben."

„Welche Experimente haben die Astronauten und Kosmonauten denn durchgeführt?", wollte Tom wissen.

„Zunächst ging es natürlich darum, Erfahrungen zu sammeln, wie Menschen die Schwerelosigkeit und das Leben an Bord vertragen", antwortete die Lehrerin. „Diese Erfahrungen braucht man zum Beispiel für einen bemannten Flug zum Mars. Außerdem werden in speziellen Öfen und anderen Anlagen verschiedene Materialien getestet, um ihre Herstellung auf der Erde zu verbessern.

„Ein Besatzungsmitglied ist immer die Kommandantin oder der Kommandant der ISS", fuhr die Lehrerin fort. „Sie oder er trägt dann die Verantwortung an Bord. Die Kommandanten wechseln sich regelmäßig ab.

Im Herbst 2018 war übrigens Alexander Gerst als erster Deutscher Kommandant auf der ISS. Das hat damals für sehr viel Aufmerksamkeit gesorgt."

„Aber Deutschland hat doch gar keinen eigenen Weltraumbahnhof?", wunderte sich Tom.

„Das ist auch nicht nötig", erklärte die Lehrerin. „Europäische Astronauten starten mit ihren Kollegen aus Russland und Amerika von den dortigen Startplätzen. Übrigens besitzt Deutschland aber mit dem Deutschen Zentrum für Luft- und Raumfahrt (DLR) ein eigenes Forschungszentrum. Es arbeitet sehr eng mit der European Space Agency (ESA) zusammen, der europäischen Weltraumorganisation, die 1975 gegründet wurden. Der ESA gehören insgesamt 22 Länder an – Deutschland natürlich auch."

1 KENNEDY SPACE CENTER, USA

2 SÜDAMERIKA

3 KASACHSTAN

4 RUSSLAND

5 JAPAN

Für die Starts ins All werden Weltraumbahnhöfe genutzt. Weltweit gibt es über 20 davon. Erst von vier Weltraumbahnhöfen aus sind bemannte Missionen gestartet, zum Beispiel vom Kennedy Space Center, Florida (1) oder Kosmodrom Baikonur (3).

Plutinchen-Wissen!

Die ESA arbeitet nicht nur mit der NASA zusammen, der amerikanischen Raumfahrtorganisation, sondern auch mit der russischen Roskosmos, der japanischen Raumfahrtagentur JAXA und der chinesischen Raumfahrtbehörde CNSA. Raumfahrt ist eben international.

Plutinchen-Wissen!

Der amerikanische Unternehmer Elon Musk gründete 2002 das Raumfahrtunternehmen SpaceX, das eigene Raketen und Raumschiffe entwickelt. Die modernen Falconraketen von SpaceX können sogar wieder auf der Erde landen und sind daher wiederverwendbar. Seit 2012 dockt das Dragon-Raumschiff dieser Firma im Auftrag der NASA auch regelmäßig an der ISS an.

„Und natürlich trainieren die Astronauten der ESA auch zusammen mit amerikanischen und russischen Raumfahrern", ergänzte die Lehrerin. „Nur so kann man gemeinsam

Raumstationen unterhalten oder gemeinsame Missionen unternehmen. Auch andere Länder wie Japan, Israel, Kanada oder Indien betreiben Raumfahrt und arbeiten mit den anderen Nationen zusammen."

„Kompliziert", meinte Stella. „Da müssen bestimmt viele Verträge geschlossen werden."

„So ist es", bestätigte die Lehrerin. „Wichtig ist, dass die Zusammenarbeit im All klappt. Aber es wird noch komplizierter, denn nicht nur die Weltraumagenturen verschiedener Länder erforschen das All, sondern auch private Unternehmen."

„Eines dieser Unternehmen ist Scaled Composites, von dem das Raumschiff SpaceShipOne entwickelt wurde. Es dient vor allem dem Weltraumtourismus", erklärte die Lehrerin. „Der allererste Weltraumtourist, der kein gelernter Astronaut war, sondern als Privatperson ein Flugticket ins All kaufte, war übrigens Dennis Tito: Der Amerikaner flog im Jahr 2001 mit einem russischen Sojus-Raumschiff zur ISS. Private Raumfahrtunternehmen verdienen ihr Geld mit Weltraumtourismus und interessierten sich früh für Rohstoffe, die auf dem Mond, dem Mars und auf Asteroiden zu finden sind."

Im April 2017 starteten die beiden Raumfahrer Fyodor Yurchikhin und Jack Fisher mit einer Sojus-Rakete vom Weltraumbahnhof Baikonur zur ISS.

Der erste Weltraumtourist Dennis Tito zahlte wohl etwa 20 Millionen Dollar für seinen Aufenthalt auf der ISS.

DENNIS TITO

„Einen ganz wichtigen Teil der Raumfahrt habt ihr vergessen", sagte Plutinchen. „Vergessen? Welchen Teil meinst du?", wunderte sich Tom.

„Die unbemannte Raumfahrt. Damit hat ja auch alles angefangen. Mit Sputnik, wenn ihr euch erinnert", antwortete Plutinchen.

„Na klar", stimmte Stella zu. „Der Vorteil der unbemannten Raumfahrt ist eben, dass kein Mensch an Bord ist. Raumsonden und Satelliten sind meist leichter als Raumschiffe. Und Lebenserhaltungssysteme braucht man auch nicht."

„Das ist richtig", sagte die Lehrerin. „Aber dieser Vorteil ist zugleich ein Nachteil. Denn Menschen nehmen die Welt anders wahr als Roboter und Sensoren. Sie können spontan auf eine unvorhergesehene Situation reagieren, notfalls etwas reparieren, sie sind neugierig und stellen Fragen, die Roboter nicht stellen können."

Diese Illustration zeigt die Sonde Voyager 1 bei ihrem Flug durchs All.

Plutinchen-Wissen!

Roboter können an Orte reisen, die für Menschen viel zu gefährlich oder sogar tödlich wären. Sie können etwa auf der Venus landen. Das gelang erstmals der sowjetischen Sonde Venera 7 im Dezember 1970. Obwohl die Oberfläche der Venus rund 460 Grad heiß ist.

Die sowjetische Sonde Venera 7.

Dieses Foto sendete die Landesonde von Venera 13 im Jahr 1982 von der Oberfläche der Venus bei einer Außentemperatur von 457 Grad Celsius.

„Und denkt nur einmal an die vielen Marssonden und Marsroboter", ergänzte die Lehrerin. „Bevor Menschen zu einem anderen Planeten fliegen, werden erst einmal Raumsonden geschickt. Ohne sie hätten wir nicht die benötigten Informationen."

„Klar, unbemannte und bemannte Raumfahrt hängen eng zusammen", sagte Stella. „Viel von dem, was wir über unser Sonnensystem wissen, haben Raumsonden für uns erforscht. Sie sind zum Pluto und noch weiter geflogen."

„Dann will ich hoffen, dass die Aliens auch einen alten Plattenspieler haben", meinte Stella, denn sonst können sie die Botschaft nicht entschlüsseln."

Voyager 1 reist immer noch und ist mit bisher **22,39 Milliarden Kilometer** das am weitesten von der Erde entfernte von Menschen gebaute Objekt überhaupt.

Plutinchen-Wissen!

Die 1977 gestartete Sonde Voyager 1 hat sogar das Sonnensystem verlassen und ist die am weitesten von der Erde entfernte Sonde. Voyager 1 hat – genauso wie die Zwillingssonde Voyager 2 – sogar eine Schallplatte an Bord mit Grußbotschaften von der Erde, Musik und Bildern. Es könnte ja sein, dass die Sonden eines Tages von Aliens entdeckt werden.

Die Datenplatte besteht aus Kupfer und ist mit einer Goldschicht überzogen. Hier ist die Vorderseite mit einer grafischen Gebrauchsanweisung und einer Karte zu sehen.

Ab ins All

Wie wird man Astronaut?

„**V**or dieser Frage standen Amerikaner und Russen, als sie 1958 die ersten bemannten Missionen ins All planten", sagte die Lehrerin. „Erfahrungen gab es ja keine. Nur bei zwei Voraussetzungen war man sich damals sicher: Die Männer mussten körperlich fit und nicht zu alt sein. Und sie mussten erfahrene Piloten sein. Aus Hunderten von Bewerbern wurden die Besten ausgesucht und dann trainiert. Wobei man nicht genau wusste, was trainiert werden musste. Das war erst nach den ersten Raumflügen klar."

Astronauten im Jahr 1958 bei einem Parabelflug. Für einige Sekunden konnten sie so Schwerelosigkeit erleben.

Plutinchen-Wissen!

Die Kandidaten wurden auf Raketenschlitten einer starken Beschleunigung ausgesetzt, sie mussten starken Lärm, große Hitze und Kälte aushalten. Außerdem mussten sie lernen, im Dschungel oder auch in der Wüste zu überleben.

„Warum denn das?", fragte Stella. „Sie sollten doch bloß die Erde umkreisen und dann wieder landen?"

„Diese Landung konnte aber schiefgehen", erklärte die Lehrerin. „Das Raumschiff hätte auch an einer anderen Stelle landen können, als es geplant war. Das Überlebenstraining war also wichtig. Daran hat sich übrigens bis heute nichts geändert. Denn eine Notlandung, mit welchem Raumschiff auch immer, ist niemals ausgeschlossen."

„Wie sieht dieses Überlebenstraining aus?", fragte Tom.

"Zunächst müssen die Astronauten zur Schule und dort lernen, wie man in der Wüste, im Dschungel oder im Wasser überlebt", erklärte die Lehrerin. "Dazu gehört auch das schnelle Verlassen einer Raumkapsel, bevor sie im Wasser versinkt. Anschließend geht es zum Training. Meist wird eine Gruppe von Astronauten mit einem Hubschrauber irgendwo in die Wildnis geflogen und ausgesetzt. Und das nur mit den Dingen, die auch bei einer echten Mission in der Kapsel vorhanden wären. Die Astronauten müssen ein Lager aufbauen und sich etwas zu essen beschaffen."

"Sie haben kein Navigationsgerät dabei, sondern müssen sich an den Sternen, am Stand der Sonne und anderen Hinweisen orientieren", ergänzte Plutinchen.

"Das ist gar nicht so leicht", meinte Tom. "Jeder Astronaut hat eine Armbanduhr mit Zeigern. Sie kann als Kompass dienen."

Auf der nächsten Seite gibt es dazu ein Experiment.

1967

Im August 1967 nehmen die Astronauten John Swigert, Thomas Mattingly und Charles Duke (alle in weißer, hitzetauglicher Kleidung) an einem Überlebenstraining in der Wüste teil.

1963

Überlebenstraining der NASA in Panama. Zu sehen sind ein Trainer, Neil Armstrong, John Glenn, Jr. L. Gordon Cooper und Pete Conrad.

1998

Im März 1998 nimmt die Astronautin Susan Helms an einem Überlebenstraining in der Nähe des Sternenstädtchens in Russland teil.

Kompass

Du brauchst:

★ Eine Armbanduhr
★ Einen Kompass

1 Auf der Nordhalbkugel der Erde gehst du so vor: Lege die Uhr auf eine ebene Unterlage und richte sie so aus, dass der Stundenzeiger genau auf die Sonne zeigt. Im Sommer musst du die Uhr eine Stunde zurückstellen.

2 Nun richtest du deinen Blick auf die 12 des Ziffernblatts. Zwischen der 12 und dem Stundenzeiger entsteht ein Winkel.

3 Diesen Winkel halbierst du. Du teilst ihn also in zwei gleich große Winkel. Die gedachte Linie zwischen diesen beiden Winkeln zeigt nach Süden. Gegenüber liegt Norden.

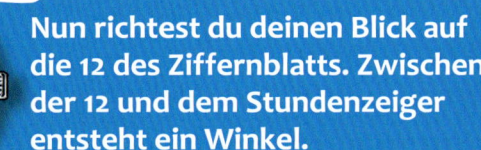

! Mit dem Kompass könnt ihr dann überprüfen, ob ihr richtigliegt. Man kann also auch ohne Kompass ein Ziel finden.

„Überlebenstraining muss sein. Aber warum musste man früher unbedingt Pilot sein?", fragte Stella.

„Weil man in der Raumfahrt die Fortsetzung der Luftfahrt sah und jeder Raumfahrer das Raumschiff lenken sollte und musste", antwortete die Lehrerin."

„Eine Ausbildung als Wissenschaftler brauchte man nicht?", fragte Tom.

„Nein, das war für die ersten Astronauten

Mehr Informationen zum Alltag an Bord einer Raumstation findest du ab Seite 56.

Die Grafik des Columbus-Moduls zeigt den Aufbau des Labors.

esa Columbus

COLUMBUS-MODUL

Das Columbus-Modul ist eines von mehreren „Zimmern" auf der ISS. Hier wird geforscht, also zum Beispiel Experimente durchgeführt. Das Modul ist etwa sieben Meter lang und vier Meter im Durchmesser. Es ist vollgepackt mit vielen Regalen, in denen alles verstaut ist, was man für die Experimente braucht. Es ist deshalb ziemlich eng dort. Und überall befinden sich Haltestangen und Schlaufen, damit die umherschwebenden Astronauten dort Halt finden.

und Kosmonauten nicht so wichtig. Die Forschung spielte erst später eine größere Rolle. Zunächst kam es darauf an, in die Umlaufbahn zu fliegen und wieder sicher zu landen", antwortete Plutinchen.

„Aber heute muss man nicht mehr Düsenflugzeuge fliegen können, oder?", fragte Stella. „Alexander Gerst hat doch Vulkanologie studiert. Der war nicht einmal bei der Bundeswehr."

„Das ist richtig", bestätigte die Lehrerin. „Heute zählt vor allem eine wissenschaftliche Ausbildung. Bei unseren Weltraummissionen werden vor allem Forscherinnen und Forscher benötigt. Denn unsere Missionen sind wissenschaftlicher Natur. Wir wollen den Weltraum erforschen, nach Leben auf anderen Planeten suchen und im All Materialien untersuchen. Vorrangig geht es um Forschungsprojekte. Trotzdem

gehört auch heute ein Flugtraining zur Astronautenausbildung."

„Okay, das ist ja eigentlich klar", stimmte Stella zu. „Wer Raumfahrer werden will, sollte keine Flugangst haben und außerdem Wissenschaftler sein."

„Und man muss auf jeden Fall gesund und sportlich fit sein. Denn die körperlichen Belastungen sind ja geblieben", ergänzte die Lehrerin.

Bevor Alexander Gerst ins All flog, hat er Vulkane erforscht.

Der deutsche Astronaut Alexander Gerst war schon zweimal auf der ISS. Hier untersucht er eine Algenkultur. Vielleicht lässt sich in Zukunft mithilfe von Algen die Ernährung der Raumfahrer unterstützen.

39

„Wer Astronaut werden will, muss sich bewerben", sagte die Lehrerin. „Das gilt bekanntlich für jeden Beruf. Der Job als Astronautin oder Astronaut bildet da keine Ausnahme. Bewerben kann man sich, sobald eine Raumfahrtagentur wie etwa die ESA neue Astronauten und Astronautinnen benötigt. Das ist natürlich nur von Zeit zu Zeit der Fall, wenn ältere Astronauten aus dem Team ausscheiden. Das ideale Alter liegt zwischen 27 und 37 Jahren."

„Dann haben wir ja noch etwas Zeit", lachte Tom.

„Außerdem muss man ein naturwissenschaftliches oder medizinisches Studium abgeschlossen haben", fuhr die Lehrerin fort. „Selbstverständlich muss man sehr gut Englisch sprechen. Am besten noch eine weitere Fremdsprache. In der Ausbildung kommen auf jeden Fall Russisch und manchmal auch noch Chinesisch hinzu. Man sollte also ein gewisses Sprachtalent haben."

„Man muss körperlich gesund sein und nicht abhängig von Alkohol oder Drogen. Auch muss man psychisch gesund und belastbar sein", fügte Plutinchen hinzu.

„Was ist mit den Augen?", fragte Stella. „Können sich auch Brillenträger bewerben?"

„Selbstverständlich", nickte die Lehrerin.

„Vorausgesetzt, man erreicht eine Sehschärfe von 100 Prozent – mit oder ohne Brille und Kontaktlinsen."

„Muss man ein toller Sportler sein?", fragte Tom. „Vielleicht sogar ein Spitzensportler?"

„Nein, das braucht man nicht", entgegnete die Lehrerin. „Es reicht aus, wenn man ein gut trainierter Mensch ist. Man sollte also schon körperlich richtig fit und gesund sein. Es finden ja auch viele medizinische Untersuchungen und Belastungstests statt."

Plutinchen-Wissen!

Der russische Kosmonaut Gherman Titov war der bisher jüngste Astronaut. Im Alter von 25 Jahren startete er im August 1961 als zweiter Mensch überhaupt mit Wostok 2 ins All.

„Auf den Laufbändern", wusste Stella. „Die haben wir ja auch an Bord."

„Ganz genau", stimmte die Lehrerin zu. „Nach dem Laufbandtraining werden Blutdruck und Puls gemessen. Alles muss stimmen. Denn der Flug ins All und die Arbeit dort sind anstrengend."

„Also nichts für alte Leute", meinte Tom.

„Das stimmt nicht ganz", erwiderte die Lehrerin. „Wenn man fit ist, kann man auch im Alter noch ins All. Der amerikanische Astronaut John Glenn war 77, als er 1998 ein zweites Mal in den Orbit gestartet ist."

„Ganz schön alt", meinte Stella. „Lässt da das Reaktionsvermögen nicht langsam nach?"

„Das kommt darauf an, wie gesund man sich ernährt hat, ob man Sport getrieben und sich auch geistig fit gehalten hat", antwortete die Lehrerin.

JOHN GLENN

John Glenn war der erste Amerikaner, der 1962 dreimal die Erde umkreiste. 1998 mit 77 Jahren startete Glenn dann als ältester Astronaut noch einmal ins All! Bei diesem Flug umkreiste er die Erde 134 Mal. So sollten die Auswirkungen der Schwerelosigkeit auf alte Menschen untersucht werden.

77 Jahre

WOW!

Reaktionstest

Du brauchst:

★ Zwei Personen
★ Ein Lineal (30 cm)

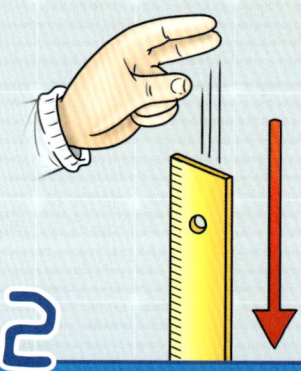

1

Das Lineal hält eine Person am oberen Ende fest, also dort, wo sich die 30-Zenti-meter-Markierung befin-det. Die Testperson streckt Daumen und Zeigefinger aus und platziert sie so, dass sich zwischen beiden die Null-Zentimeter-Markie-rung befindet.

2

Ohne Vorwarnung lässt nun die erste Person das Lineal los. Die Testperson muss nichts weiter tun, als das Lineal mit Daumen und Zeigefinger festzuhalten. Gelingt ihr dies zwischen 1 und 10 Zentimetern, ist das fantastisch, zwischen 11 und 20 Zentimetern gut und zwischen 21 und 30 Zentimetern nicht besonders gut.

Wenn man den Test ein paarmal wiederholt, kann man einen Mittelwert ermitteln.

Die 20-g-Humanzentrifuge im NASA Ames Research Center, Kalifornien. Hier werden Astronauten für die enorme Beschleunigung beim Start einer Rakete trainiert. 20 g bedeutet, dass man 20-mal so schwer ist wie auf der Erde.

Die kleinere Zentrifuge beschleunigt bis maximal 4,5 g.

Die Astronautin Samantha Cristoforetti beim Schwerelosigkeitstraining, für das sie ins Wasser gelassen wird.

„Schade", meinte Stella. „Der Test ist wirklich nur etwas für die Erde. Hier oben würde das Lineal ja nur in der Luft schweben."

„Also, machen wir mit der Ausbildung weiter", sagte die Lehrerin. „Aus vielen Tausend Bewerberinnen und Bewerbern werden schließlich einige wenige ausgewählt. Sie beginnen danach mit der Grundausbildung."

„Na klar, dann muss man in die Astronauten-Zentrifuge", wusste Tom. „Das ist eine Art Karussell für eine Person. Man sitzt angeschnallt in einer Kabine und wird darin beschleunigt. Dabei geht es um die Kräfte, die beim Start und anderen Manövern auftreten und an die man sich gewöhnen muss. Das habe ich gerne gemacht."

Das Training unter Wasser dient der Vorbereitung von Außeneinsätzen im All, denn unter Wasser kann man fast so schweben wie in der Schwerelosigkeit.

„Man muss auch lernen, sich im Raumanzug zu bewegen", fuhr Stella fort. „Das muss früher schwer gewesen sein, da gab es nur sehr einfache, klobige Raumanzüge. Heute haben wir ganz moderne Anzüge mit sehr viel Bewegungsfreiheit."

„Das stimmt", nickte die Lehrerin. „Aber auch an diese Anzüge muss man sich gewöhnen. Das geschieht nicht nur an Land, sondern auch unter Wasser. In einem speziellen und sehr tiefen Tauchbecken werden etwa Außeneinsätze geübt."

„Warum eigentlich unter Wasser? Kannst du das noch einmal erklären?", fragte Tom.

„Unter Wasser erfährt der Mensch einen Auftrieb, der ihm fast das Gefühl von Schwerelosigkeit vermittelt", erklärte die Lehrerin. „Im Tauchbecken trägt der Astronaut seinen Raumanzug. Das gehört zum Ausbildungsprogramm dazu. Außerdem muss jede Astronautin und jeder Astronaut lernen, wie man einen Raumanzug anzieht und wie man sich darin bewegt."

„Waren die Astronauten früher wirklich nicht so gelenkig?", wollte Tom wissen.

„Nein", lachte die Lehrerin. „Es waren nicht die Menschen, es waren die Anzüge. Sie waren viel schwerer und nicht so flexibel wie unsere heutigen Anzüge.

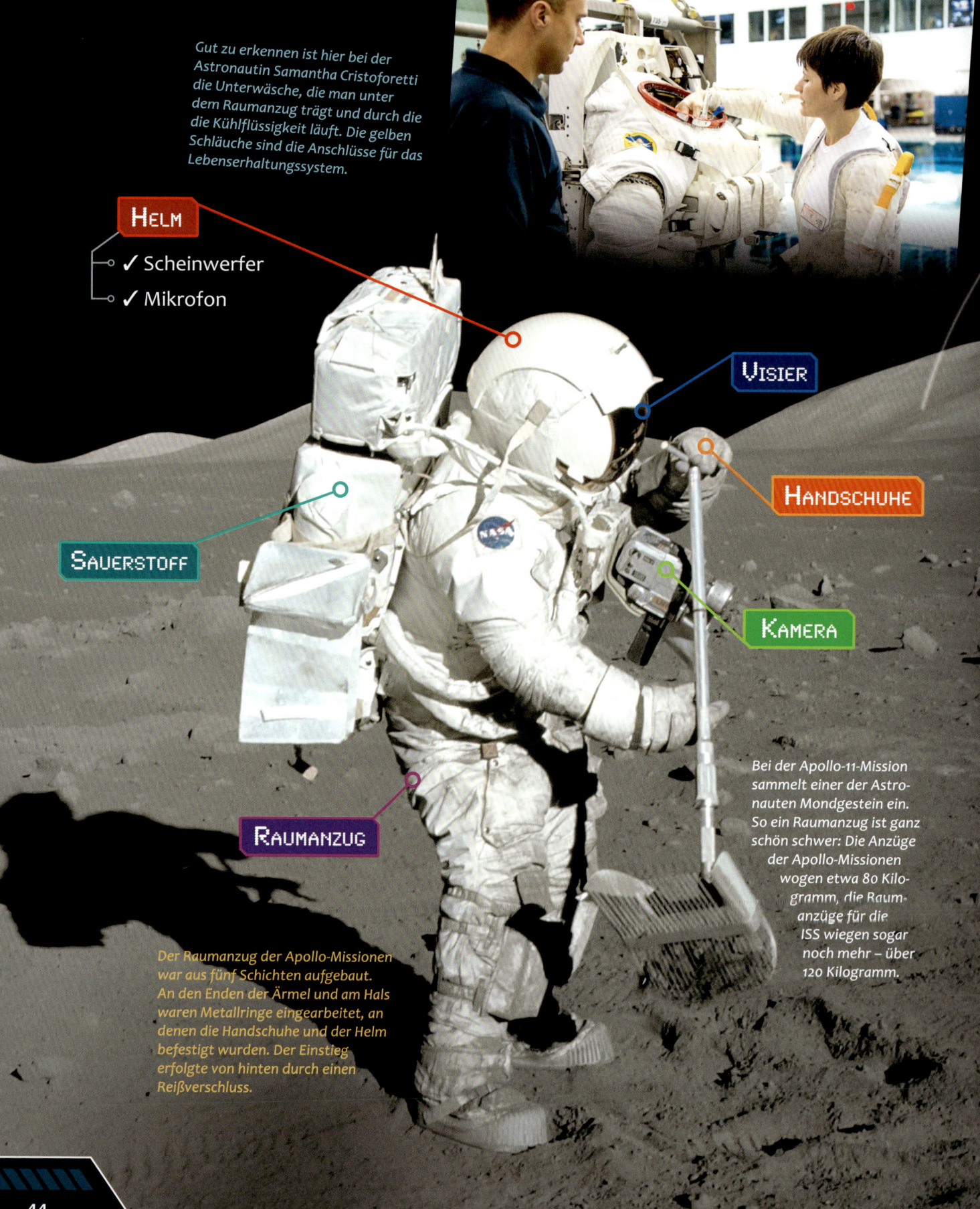

Gut zu erkennen ist hier bei der Astronautin Samantha Cristoforetti die Unterwäsche, die man unter dem Raumanzug trägt und durch die die Kühlflüssigkeit läuft. Die gelben Schläuche sind die Anschlüsse für das Lebenserhaltungssystem.

HELM
- ✓ Scheinwerfer
- ✓ Mikrofon

VISIER

HANDSCHUHE

SAUERSTOFF

KAMERA

RAUMANZUG

Bei der Apollo-11-Mission sammelt einer der Astronauten Mondgestein ein. So ein Raumanzug ist ganz schön schwer: Die Anzüge der Apollo-Missionen wogen etwa 80 Kilogramm, die Raumanzüge für die ISS wiegen sogar noch mehr – über 120 Kilogramm.

Der Raumanzug der Apollo-Missionen war aus fünf Schichten aufgebaut. An den Enden der Ärmel und am Hals waren Metallringe eingearbeitet, an denen die Handschuhe und der Helm befestigt wurden. Der Einstieg erfolgte von hinten durch einen Reißverschluss.

huiiiii

Das war auch der Grund, weshalb die Apollo-Astronauten sich nicht einmal richtig bücken konnten."

Heute haben wir viel bessere Materialien als im 20. Jahrhundert. Dennoch besteht auch heute ein Raumanzug aus mehreren Schichten. Eine Schicht aus Neopren, einem besonderen Kunststoff, sorgt dafür, dass der Anzug völlig gasdicht ist. Die äußeren Schichten bestehen aus Kunstfasern, die schwer brennbar sind und vor Strahlen und Mikrometeoriten schützen. Außerdem besitzt der Raumanzug eine Kühlung, um die Temperatur im Inneren stabil zu halten.

„Ganz wichtig ist ja auch der Helm", merkte Stella an.

„Das stimmt. Auch der Helm ist gasdicht und hat auch einen gasdichten Verschluss. Ein besonderes, verspiegeltes Visier schützt vor den grellen Sonnenstrahlen. Außerdem sind Mikrofon und Kopfhörer eingebaut. Außen am Helm befinden sich noch Kameras und kleine Scheinwerfer", meinte Plutinchen.

„Vergesst bitte die Handschuhe nicht", fuhr die Lehrerin fort. „Denn sie müssen nicht nur gasdicht sein, sondern auch sehr beweglich. Sonst können die Astronauten bei Außenbordeinsätzen ihre Werkzeuge nicht richtig halten."

Die Atemluft befindet sich im Rucksack. Oft handelt es sich um reinen Sauerstoff. Gleicht die Luft an Bord der Station oder des Raumschiffs der irdischen Luft, muss der Astronaut zunächst eine Weile reinen Sauerstoff atmen, um sich auf die Bedingungen im Raumanzug einzustellen.

„Hast du es gut", meinte Stella zu Plutinchen. „Du bist ein Roboter und brauchst keinen Raumanzug."

„Wir tragen ja Kindergrößen", sagte Tom. „Unsere Raumanzüge wurden ja extra für uns angefertigt. Wie ist das bei den Erwachsenen?"

„Da gab es früher Maßanfertigungen, also Raumanzüge, die eigens für einen Kosmonauten oder Astronauten angefertigt wurden", antwortete die Lehrerin. „Später, als die Zahl der Raumfahrer anstieg, gab es verschiedene Größen, wobei die Frauen oft kleinere Anzüge benötigten. Aber in der ersten Hälfte des 21. Jahrhunderts wurden neue Anzüge in einer Einheitsgröße entwickelt, die sich leicht an die Figur des Astronauten anpassen lässt."

„Doch damit ist die Entwicklung noch lange nicht abgeschlossen. Die Raumanzüge werden in Zukunft noch dünner und besser werden. Die Raumfahrer werden durch sie immer weniger behindert", wusste Plutinchen. „Auf dem Mond ist es ja sehr kalt und dann wieder sehr heiß. Welche Temperaturen kann denn ein Raumanzug aushalten?", fragte Stella.

Temperaturresistent

- 150°/+120°

Anziehdauer

45 Min.

Kosten $

10 000 000

„Unter minus 150 Grad und über plus 120 Grad", antwortete die Lehrerin. „Das schafft sonst kein anderer Anzug. Dafür ist er etwas teurer als ein gewöhnlicher Anzug. Er kostet rund zehn Millionen Dollar."

„Auch ist ein Raumanzug nicht so schnell anzuziehen wie ein gewöhnlicher Anzug. Zuerst kommt eine spezielle Unterwäsche, dann der eigentliche Raumanzug. Es dauert etwa 45 Minuten, einen Raumanzug für einen Außeneinsatz anzuziehen. Bei den neuen Anzügen geht es etwas schneller", ergänzte Plutinchen.

„Der Umgang mit dem Raumanzug muss lange geübt werden", fuhr die Lehrerin fort. „Fehler dürfen nicht passieren, denn ein Leck könnte sehr gefährlich werden. Eigentlich ist ein Raumanzug selbst ein kleines Raumschiff. Nur dass bei jeder

Bewegung irgendetwas kneift oder stört. Um wirklich mit dem Raumanzug zurechtzukommen, muss man mehrere Monate mit ihm üben. Erst dann kann man mit ihm an einem Außenbordeinsatz teilnehmen."

„Wer in so einem Tauchbecken trainiert, muss also auch tauchen können", sagte Tom.

„Ja, das gehört auch zur Ausbildung dazu", bestätigte die Lehrerin. „So kann er sich besser auf das Training unter Wasser einstellen. Im Tauchbecken stehen dann zum Beispiel Teile einer Raumstation. Der zukünftige Astronaut lernt die verschiedensten Arbeiten kennen und beherrscht sie, bevor er ins All fliegt."

„Trainieren eigentlich Raumfahrer aus verschiedenen Ländern zusammen?", wollte Stella wissen.

„Ja, das tun sie", nickte die Lehrerin. „Natürlich nicht bei jedem Training, aber es gibt gemeinsame Übungen, damit die internationale Zusammenarbeit klappt."

„Deshalb muss man auch die anderen Sprachen lernen", fiel Tom ein.

Plutinchen-Wissen!

Es gibt übrigens nicht nur das Tauchbecken, um sich mit der Schwerelosigkeit vertraut zu machen, sondern auch den Parabelflug. Die Astronauten befinden sich an Bord eines großen Flugzeugs, aus dem die Sitze entfernt wurden.

Der Pilot wählt eine Flug-
bahn, die der eines Steinwurfs ähnelt:
so ähnlich wie eine Kurve, allerdings nach
oben und nicht zur Seite. Dank dieser
Flugbewegung herrscht für 22 Sekunden
Schwerelosigkeit an Bord. Diese Zeit
kann man auch für Übungen und
Experimente nutzen. Auch fliegt der
Pilot nicht nur eine Parabel, sondern
mehrere hintereinander. Astronauten
erleben auf einem Parabelflug meist
30-mal Schwerelosigkeit.

„Ein Parabelflug klingt sehr spannend",
meinte Stella. „Das haben wir bei unserer
Ausbildung nie gemacht. Sollten wir aber
mal nachholen."

*Kinder mit Behinderungen können an einem
Aktionstag die Schwerelosigkeit erleben!*

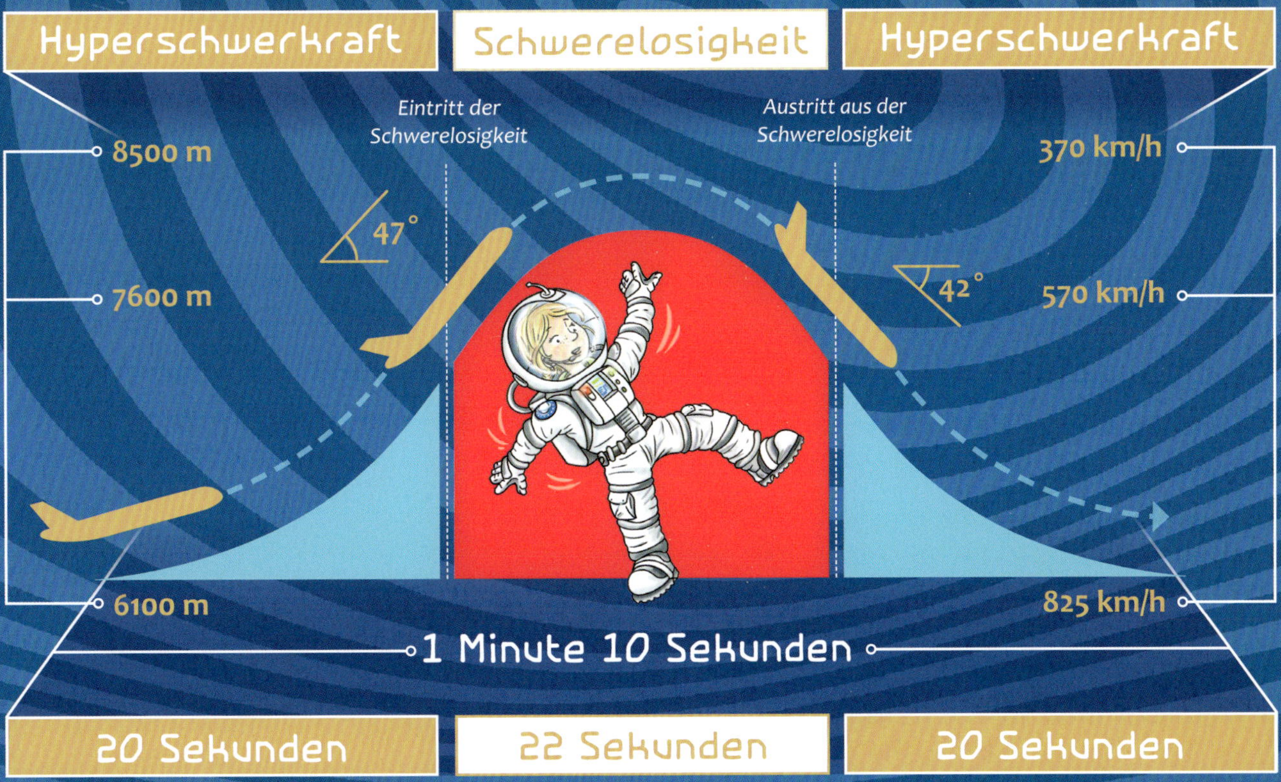

Hyperschwerkraft	Schwerelosigkeit	Hyperschwerkraft

*Eintritt der
Schwerelosigkeit*

*Austritt aus der
Schwerelosigkeit*

8500 m

370 km/h

47°

7600 m

42°

570 km/h

6100 m

825 km/h

1 Minute 10 Sekunden

20 Sekunden	22 Sekunden	20 Sekunden

*Während der Parabelflüge werden nicht nur Astronauten auf die Schwerelosigkeit vorbereitet, sondern es werden auch eine Menge
Experimente durchgeführt. Viele Menschen mögen das Gefühl der Schwerelosigkeit, einigen wird aber auch schlecht durch die
Beschleunigung und die Steilflüge. Deshalb bekommt man vor dem Flug ein Medikament gegen Brechreiz und Übelkeit.*

Canadarm2 ist ein Multifunktions-
roboterarm auf der ISS. Hier
befindet sich eine Frachtkapsel
am Roboterarm.

„Das braucht ihr nicht mehr", lachte die
Lehrerin. „Ihr kennt euch ja mit der
Schwerelosigkeit bestens aus. Anders sieht
es da mit Raumfahrttechnik aus."
„Das hatte ich schon befürchtet", gab Tom
zu.
„Während ihrer Grundausbildung müssen
Astronauten nämlich so einiges über Elektro-
technik und Raumfahrttechnik lernen", fuhr
die Lehrerin fort. Dazu kommen dann noch
Grundkenntnisse in wissenschaftlicher
Forschung. Da habt ihr große Lücken."
„Das ist für Kinder auch viel
zu viel Stoff", wehrte sich
Stella. „Deshalb ist uns
das damals erspart
geblieben.

Ganz schön eng da
oben auf der ISS!

Wir haben dafür ja Plutinchen. Aber Erwach-
sene müssen das alles natürlich lernen."
„Allerdings", stimmte die Lehrerin zu. „Habt
ihr ein Glück gehabt. Die Grundausbildung
dauert etwa ein Jahr, dann folgt das
missionsspezifische Training für den anste-
henden Flug. Hier werden die Kenntnisse
vertieft und neue Aufgaben kommen hinzu."

Plutinchen-
Wissen!

Die neuen Astronauten
müssen etwa den Umgang und die
Zusammenarbeit mit Robotern lernen.
Denn seit 2013 sind Roboter an Bord von
Raumstationen und Raumschiffen. Der
russische Roboter Fedor war 2019 der
erste richtige humanoide, also menschenähnliche Roboter an Bord der ISS.

Der menschenähnliche
Roboter Fedor wurde
eine Woche lang auf
der ISS getestet.

„Damit kennen wir uns natürlich bestens
aus", strahlte Stella. „Roboter gehören
einfach dazu."
„Das gilt auch für die Roboterarme", sagte
die Lehrerin. „2001 wurde der Roboterarm
Canadarm2 an der ISS montiert. Das ist ein
fast 18 Meter langer Roboterarm aus drei
Teilen. Er kann mehr als 100 Tonnen

$\omega_0 = \frac{1}{R_1 C}$

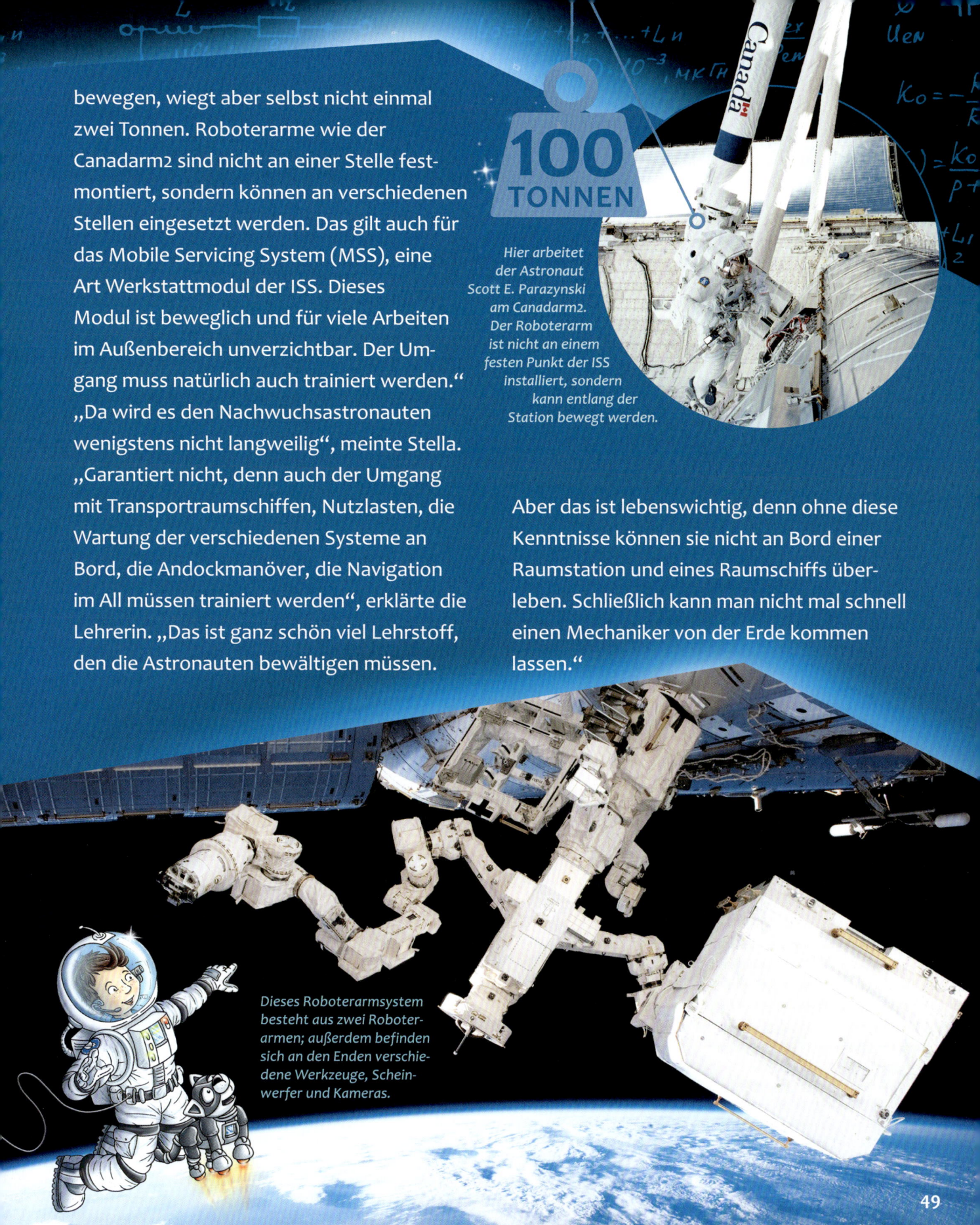

bewegen, wiegt aber selbst nicht einmal zwei Tonnen. Roboterarme wie der Canadarm2 sind nicht an einer Stelle festmontiert, sondern können an verschiedenen Stellen eingesetzt werden. Das gilt auch für das Mobile Servicing System (MSS), eine Art Werkstattmodul der ISS. Dieses Modul ist beweglich und für viele Arbeiten im Außenbereich unverzichtbar. Der Umgang muss natürlich auch trainiert werden."

„Da wird es den Nachwuchsastronauten wenigstens nicht langweilig", meinte Stella. „Garantiert nicht, denn auch der Umgang mit Transportraumschiffen, Nutzlasten, die Wartung der verschiedenen Systeme an Bord, die Andockmanöver, die Navigation im All müssen trainiert werden", erklärte die Lehrerin. „Das ist ganz schön viel Lehrstoff, den die Astronauten bewältigen müssen.

100 TONNEN

Hier arbeitet der Astronaut Scott E. Parazynski am Canadarm2. Der Roboterarm ist nicht an einem festen Punkt der ISS installiert, sondern kann entlang der Station bewegt werden.

Aber das ist lebenswichtig, denn ohne diese Kenntnisse können sie nicht an Bord einer Raumstation und eines Raumschiffs überleben. Schließlich kann man nicht mal schnell einen Mechaniker von der Erde kommen lassen."

Dieses Roboterarmsystem besteht aus zwei Roboterarmen; außerdem befinden sich an den Enden verschiedene Werkzeuge, Scheinwerfer und Kameras.

SERGEY RYZHIKOV
RUSSLAND

SULTAN AL-NEYADI
VEREINIGTE ARABISCHE EMIRATE

„Das ist aber immer noch nicht alles. Medizinisches Grundwissen kommt nämlich auch noch hinzu. Schließlich ist in der Regel kein Arzt an Bord. Also müssen sich die Raumfahrer zunächst selbst helfen, wenn jemand krank wird oder sich verletzt. Dazu müssen sie einiges mehr können, als Erste Hilfe zu leisten. Sie lernen, Krankheiten zu diagnostizieren und zu behandeln. Auch kleine Eingriffe, die sonst nur Chirurgen vornehmen, gehören zum Trainingsprogramm", fügte Plutinchen hinzu.

„Was ist, wenn es ernste medizinische Probleme gibt?", fragte Stella.

„Dann hilft nur noch die Rückkehr mit einem Raumschiff zur Erde. Raumstationen sind ja mit Raumschiffen für alle Besatzungsmitglieder ausgestattet", antwortete Plutinchen. „Der Betrieb auf einer Raumstation wie der ISS wird auch in einem Simulator geübt", fuhr die Lehrerin fort. „Das ist ein Nachbau der echten Station, man könnte auch sagen, es ist ein gleich großes Modell. Schaut man

TOM MARSHBURN USA

Die Ersatzmannschaft für den Sojus-Flug MS-15 zur ISS. Vor jedem Flug bereitet sich auch eine Ersatzmannschaft vor, die beispielsweise bei einem Krankheitsfall einspringen kann.

„Bevor es dann tatsächlich ins All geht, trainiert die zukünftige Crew gemeinsam", sagte die Lehrerin. „So lernen sich die Astronauten auch persönlich besser kennen. Das ist ganz wichtig, denn sie müssen an Bord ja ein perfektes Team bilden. Schon bei der Bewerbung wird darauf geachtet, dass die zukünftigen Astronauten einen ausgeglichenen Charakter haben. Sie müssen einen ganz besonderen Teamgeist haben und auch in stressigen Situationen einen kühlen Kopf bewahren."

Plutinchen-Wissen!

Die letzte Ausbildungs-phase dauert etwa 18 Monate und wird missionsspezifische Ausbildungsphase genannt. Vorher ging es im Training um all die Dinge, die Astronauten grundsätzlich können und wissen müssen. Jetzt werden die Aufgaben und die Experimente einge-übt, die speziell beim bevorstehenden Flug geplant sind. Wenn alles gut verläuft und sie weiterhin gesund und fit sind, können sie dann schließlich mit einem Raumschiff starten.

aus dem Fenster, sieht man Projektions-flächen oder Displays, die den echten Ausblick zeigen. Auch das Modul Cupola der ISS gibt es als Simulator. Von dieser Aussichtskuppel der Raumstation aus werden nicht nur tolle Fotos gemacht, von dort aus wird auch der Roboterarm gesteuert. Dank der Simulatoren lernen die Astronauten jedes Modul genau kennen."
„Und was ist mit den anderen Astronauten und Kosmonauten?", fragte Tom. „Lernt man die auch kennen?"

„Na, da bin ich aber gespannt", sagte Stella. „Aber erst nach der Pause", lächelte die Lehrerin.

Zweite Pause

„Was machen wir?", fragte Tom.

„Wir könnten noch einen Space Tea trinken", schlug Stella vor.

„Au ja!", freute sich Tom.

„Das kommt gar nicht in Frage", entgegnete Plutinchen.

„Ist kein Tee mehr da?", rief Tom verwundert.

„Gibt es kein heißes Wasser?", erschrak Stella.

„Das ist es nicht", schnurrte Plutinchen.

„Da steckt bestimmt die Bodenstation dahinter", vermutete Tom. „Bestimmt wollen sie nicht, dass wir so viel Tee trinken."

„Nein, die finden den Tee sogar gut", erwiderte Plutinchen. „Sie haben mich nur gebeten, darauf zu achten, dass ihr regelmäßig auf eure Laufbänder geht. Nach so viel Unterricht wird es höchste Zeit, dass ihr euch bewegt."

„Kein Tee?", fragte Stella.

„Kein Tee!", antwortete die Roboterkatze.

„Auf der Erde gibt es den Pausenhof und die Sporthalle, hier die Laufbänder."

„Was für eine bewegende Ansprache", stöhnte Stella.

„Sehr bewegend", stimmte Tom zu. „Wir sollen uns also laufend bewegen."

„Das sollt ihr", schnurrte Plutinchen.

„Und was machst du?", fragte Stella.

„Ich öle meine Gelenke", miaute Plutinchen.

„Okay, bewegen wir uns laufend", murrte Tom und stieß sich an der Bordwand ab. Stella folgte ihm. Wenig später standen sie auf ihren Laufbändern und liefen los. Gurte sorgten dafür, dass sie auf die Bänder gedrückt wurden.

„Einen Kilometer?", fragte Stella. „Den müssten wir in der Pause schaffen."

„Oder die Pause schafft uns", meinte Tom und startete.

„He! Warte auf mich!", rief Stella. „Du hast schon zehn Meter Vorsprung."

„Aber unsere Laufbänder stehen doch genau nebeneinander", wunderte sich Tom.

„Dann sieh mal aufs Display", entgegnete sie. „Du willst wohl schneller mit der Pause fertig sein als ich?"

„Wenn wir schneller laufen, können wir vielleicht noch Space Tea trinken", meinte Tom.

„Also gut, geben wir Gas!", lachte Stella und beschleunigte ihre Schritte.

„Kommt ihr voran?", fragte Plutinchen, obwohl sie alle Daten auf dem Display sehen konnte.

„Wir bewegen uns laufend. Wie du gesagt hast", schnaufte Tom.

„Laufen macht durstig", merkte Stella an.

„Das habe ich mir gedacht", schnurrte Plutinchen. „Wenn ihr den Kilometer geschafft habt, ist euer Tee bereits fertig."

„Danke, Plutinchen!", freuten sich Tom und Stella.

Abenteuer Raumfahrt

Der Start ins All

„Irgendwann ist das Training vorbei", begann die Lehrerin. „Dann besteigt der Astronaut in Russland, in den USA, in China oder einem anderen Land ein Raumschiff. Nicht allein natürlich, sondern zusammen mit anderen Raumfahrern. Das Raumschiff ist dann bereits an der Spitze einer Rakete angebracht, die startbereit auf der Startrampe steht. Jetzt wird es ernst. Sind die Wetteraussichten gut und keine technischen Probleme erkennbar, dann beginnt der Countdown."

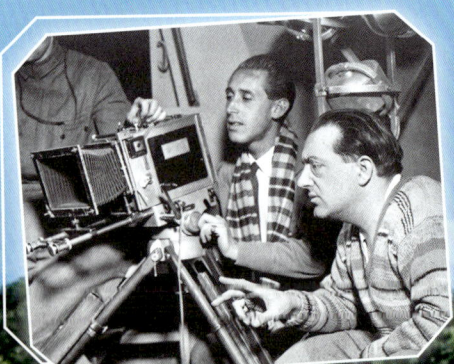

Fritz Lang mit Kameramann Curt Courant (Mitte) bei den Dreharbeiten zum Stummfilm „Frau im Mond" (1929).

Plutinchen-Wissen!

Der Countdown, das Herunterzählen bis zum Start, wurde von dem Regisseur Fritz Lang für seinen Film „Frau im Mond" aus dem Jahr 1929 erfunden. Durch den Countdown wollte er für mehr Spannung vor dem Start sorgen.

„Ein echter Countdown ist auch sehr spannend", meinte Tom. „Man weiß ja nie genau, ob alles klappt."
„Deshalb kann der Countdown auch angehalten werden", erklärte die Lehrerin.

„Kann dann das aufgetretene Problem nicht innerhalb kurzer Zeit gelöst werden, wird der Countdown abgebrochen. Bei einer bemannten Mission beginnt der Countdown bis zu einer Woche vor dem Start. Laut mitgezählt werden in der Regel nur die letzten zehn Sekunden."

„Und dann geht es los", sagte Tom. „Die Beschleunigung ist gewaltig. Man spürt sie im ganzen Körper und wird ganz schön durchgeschüttelt. Aber dafür hat man ja trainiert. Wenige Minuten später ist man schon im Weltall und schwerelos."

„Daran muss sich der Astronaut erst einmal gewöhnen", fuhr die Lehrerin fort. „Denn das Gleichgewichtsorgan in den Ohren übermittelt widersprüchliche Informationen an das Gehirn. Oben und unten gibt es ja nicht mehr. Ob die Füße oder der Kopf in Richtung Erde zeigen, spielt keine Rolle. Vielen Astronauten wird dann schlecht. Manche müssen sich sogar übergeben. Dafür gibt es besondere Spucktüten an Bord. Bei den meisten Astronauten verschwindet diese Übelkeit nach ein paar Tagen wieder. Und manche leiden gar nicht darunter."

„Fliegt man zu einer Raumstation, muss man sich dort erst einmal eingewöhnen. Daran ändert auch das harte Training nichts. Man muss etwa darauf aufpassen, keinen Gegenstand unbeobachtet durch die Station schweben zu lassen. Es können Messgeräte und andere Einrichtungen beschädigt werden. Beliebt sind Löffel, die man nach dem Essen vergisst. Manche Astronauten haben ihren Löffel mehrmals hintereinander gesucht. Mit etwas Glück landet er am Filter der Klimaanlage, die mit ihrem Luftstrom solche schwebenden Dinge oft ansaugt", meinte Plutinchen.

Die berühmte Countdownuhr am Kennedy Space Center in Florida. Hier zeigt sie die sieben Sekunden nach dem Start des Space Shuttles an. Wenn der Countdown runter zum Start gezählt wird, dann steht vor der Stundenanzeige ein Minus.

"Auch an Essen und Trinken in der Schwerelosigkeit muss man sich erst gewöhnen", sagte die Lehrerin. "Zum Glück sind die Zeiten vorbei, in denen es nur Nahrungsbrei aus der Tube gab. Heute kann jeder Astronaut sein Essen vorbestellen. Es wird dann mithilfe von Transportraumschiffen zu seiner Raumstation geliefert. Manche Nahrungsmittel sind in Konservendosen verpackt, andere sind dehydriert."

Plutinchen-Wissen!

Dehydriert bedeutet, dass das Wasser entzogen wurde. Man kann auch sagen, die Mahlzeit wurde gefriergetrocknet. An Bord braucht also nur Wasser hinzugefügt zu werden, um wieder eine richtige Mahlzeit zu bekommen.

"Es gibt aber auch frisches Obst, Käse und Nachspeisen", fuhr die Lehrerin fort. "Im Grunde braucht man auf nichts zu verzichten.

Auch beim Essen muss man aber aufpassen, dass keine Nahrung davonschwebt. Man muss die unterschiedlichen Verpackungen so öffnen und entleeren, dass nichts passiert. Außerdem gibt es Öfen an Bord, um die Mahlzeiten zu erwärmen. Zu trinken gibt es Tee und Kaffee, Limo und Orangensaft. Gegessen wird meistens zusammen. Sind die Astronauten fertig, tragen sie die Mahlzeiten in eine Liste ein, denn die Bodenstation muss überprüfen, ob sie sich richtig ernähren und nicht abnehmen oder zu dick werden."

"Was ist mit Ketchup und Mayo?", fragte Stella.

"Ist alles an Bord", antwortete die Lehrerin. "Senf natürlich auch. Salz und Pfeffer gibt es in Wasser gelöst oder mit Öl vermischt.

Die Dragon 2-Transportkapseln von einem privaten Raumfahrtunternehmen sind wiederverwendbar. Sie fliegen Fracht zur ISS und kehren dann wiederbeladen zur Erde zurück.

So können Salz- und Pfefferkörner nicht durch die Station schweben."

„Der Abwasch entfällt, denn die Alu- und Kunststoffverpackungen der Lebensmittel werden nicht gereinigt, sondern zusammengedrückt in den Müll gegeben. Da so wenig Wasser wie möglich verbraucht werden muss, gibt es keinen Abwasch an Bord einer Raumstation", bemerkte Plutinchen.

„Das Wasser wird regelmäßig mit den Versorgungsraumschiffen an Bord gebracht", erklärte die Lehrerin. „Außerdem wird der Luft mit einer besonderen Anlage das Wasser entzogen. Immerhin gibt ein Mensch täglich mehrere Liter Wasser von sich – beim Schwitzen über die Haut oder auch über die Feuchtigkeit, die in der ausgeatmeten Luft enthalten ist. Auch der Urin wird aufbereitet. Nur so kann für genügend Wasser an Bord gesorgt werden."

„Ja, im All lernt man, Wasser zu sparen", bestätigte Stella. „Das ist mir am Anfang sehr schwergefallen, weil auf der Erde immer genügend Wasser aus der Leitung kommt."

Wenn die Astronauten auf der ISS Durst haben, dann trinken sie Wasser aus der Wasserwiederaufbereitungsanlage.

Der Astronautennahrung wird beim Zubereiten auf der Erde meist das Wasser entzogen. Auf der Raumstation wird dann warmes Wasser wieder hinzugefügt – und fertig ist ein leckeres Essen.

Die russischen Progress-Transportkapseln werden seit 1978 eingesetzt. Mit etwa vier Flügen pro Jahr bringen sie unter anderem Nahrung, Treibstoff und Wasser zur ISS. Auf dem Rückflug verglüht die Kapsel beladen mit Müll in der Atmosphäre.

FRISCHWASSER

TRINKWASSER
Wasser zum Trinken und Waschen

WASSER FÜR DEN TECHNISCHEN EINSATZ
Wasser zur Sauerstoffgewinnung und für Experimente

BRAUCHWASSER

WIEDERAUFBEREITETES WASSER

WASSER AUS AUSGEATMETER LUFT

KONDENSIERTES WASSER
Wasser aus Schweiß

SPÜLWASSER UND URIN

Das Wasser auf der Raumstation wird in einem Kreislaufsystem immer wieder aufbereitet.

57

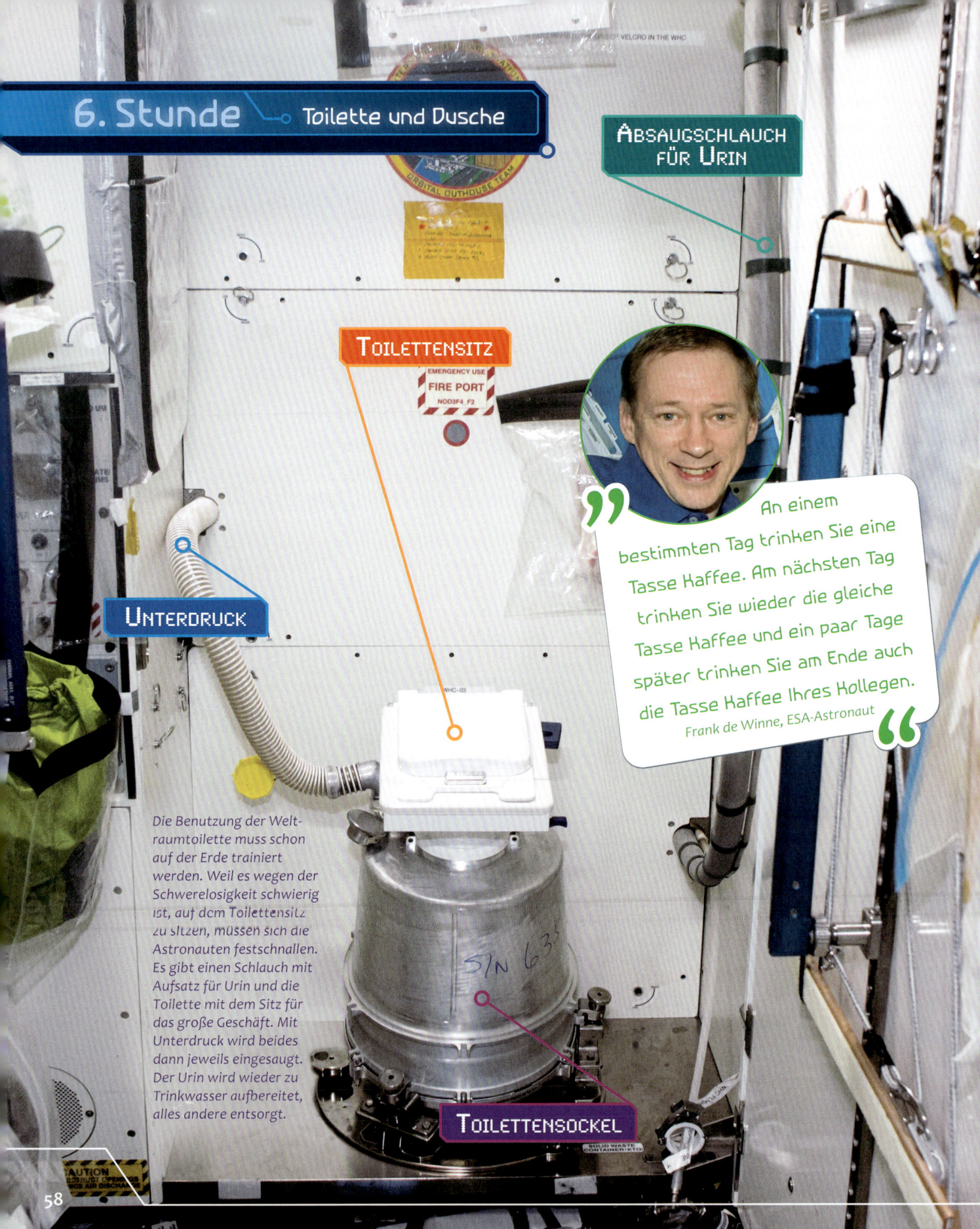

ABSAUGSCHLAUCH FÜR URIN

TOILETTENSITZ

EMERGENCY USE
FIRE PORT
NOD3F4_F2

UNTERDRUCK

> An einem bestimmten Tag trinken Sie eine Tasse Kaffee. Am nächsten Tag trinken Sie wieder die gleiche Tasse Kaffee und ein paar Tage später trinken Sie am Ende auch die Tasse Kaffee Ihres Kollegen.
>
> Frank de Winne, ESA-Astronaut

Die Benutzung der Weltraumtoilette muss schon auf der Erde trainiert werden. Weil es wegen der Schwerelosigkeit schwierig ist, auf dem Toilettensitz zu sitzen, müssen sich die Astronauten festschnallen. Es gibt einen Schlauch mit Aufsatz für Urin und die Toilette mit dem Sitz für das große Geschäft. Mit Unterdruck wird beides dann jeweils eingesaugt. Der Urin wird wieder zu Trinkwasser aufbereitet, alles andere entsorgt.

S/N 63

TOILETTENSOCKEL

Das Wasser zum Haarewaschen kommt aus dem Beutel.

„Wasser muss natürlich auch beim Waschen eingespart werden", sagte die Lehrerin. „Eine Dusche gibt es daher auf der ISS nicht. Das hat auch andere Gründe, denn das Wasser ist in der Schwerelosigkeit schwer einzufangen. Es schwebt in Kugeln in der Luft. Außerdem bleibt Wasser am Körper haften und bildet einen Film um den Körper. Das weiß man von der russischen Raumstation Mir, auf der eine Dusche getestet wurde."

„Stattdessen wurden die feuchten Reinigungstücher eingeführt, mit denen sich die Astronauten waschen. Für die Haare gibt es ein besonderes Shampoo", ergänzte Plutinchen.

„Nicht einmal die Toilette besitzt eine Wasserspülung", fuhr die Lehrerin fort. „Die Aufgabe des Wassers übernimmt im All die Luft. Eine Weltraumtoilette arbeitet mit Unterdruck. Dabei muss man die Öffnungen sehr genau treffen, denn sie sind sehr klein."

„Sie müssen so klein sein, denn sonst reicht der Unterdruck nicht aus. Um zu lernen, wie die Weltraumtoilette funktioniert, gibt es im Training einen besonderen Toilettenkurs", meinte Plutinchen.

„Dem Urin wird das kostbare Wasser entzogen",

erklärte die Lehrerin. „Das hatte ich ja schon erwähnt. Die Astronauten trinken also immer wieder dasselbe Wasser. Der Kot wird gesammelt und mit den Mülltransportern entsorgt."

„Wo landen die eigentlich?", fragte der kleine Major Tom.

„Die Mülltransporter landen gar nicht", antwortete die Lehrerin. „Das wäre auch viel zu teuer. Es landen nur die Transportkapseln, die Experimente enthalten, also Dinge, die ganz wichtig sind. Die Mülltransporter, die zuvor Versorgungsgüter zur Station gebracht haben, verglühen beim Wiedereintritt in die Erdatmosphäre."

Plutinchen-Wissen!

In die Mülltransporter kommt auch die Kleidung. Es gibt ja keine Waschmaschine an Bord, weil das viel zu viel Wasser verbrauchen würde. Also wird die Kleidung so lange wie möglich getragen und kommt dann in den Müll. In diesem Fall ist das billiger, als sie mit Wasser zu waschen und zu trocknen.

„Astronauten freuen sich nach ihrer Rückkehr zur Erde daher vor allem auf ein heißes Bad, eine heiße Dusche, eine richtige Toilette und saubere Kleidung", lächelte die Lehrerin.

Alexander Gerst beim Krafttraining auf der ISS.

„Auf der Erde brauchen wir viele Muskeln und starke Knochen, um uns sicher bewegen zu können", sagte die Lehrerin. „Ohne Muskeln und Knochen könnten wir weder gehen noch einen Koffer tragen oder Sport treiben. Vor allem müssen wir immer gegen die Schwerkraft ankämpfen, bei jedem Schritt, jedem Ballwurf und jedem Aufstehen von einem Stuhl. Immer heißt der Gegner Schwerkraft."

Plutinchen-Wissen!

Im All sind wir alle schwerelos. Die Schwerkraft ist als Gegner ausgeschaltet. Die Menschen brauchen also nicht mehr so viele Muskeln und auch keine starken Knochen.

Masse und Schwerkraft

Je stärker die Anziehungskraft, desto schwerer bist du.

Mond
60 Kilogramm auf der Erde entsprechen auf dem Mond zehn Kilogramm. Der Mond ist kleiner als die Erde und hat deshalb nur ein Sechstel der Anziehungskraft, die auf der Erde herrscht.

10 kg

Die Masse eines Körpers ist überall gleich, denn sie gibt an, wie viel Materie ein Körper enthält. Das Gewicht eines Körpers dagegen hängt von dem Ort ab, auf dem gemessen wird. Auf dem Mond hätte man die gleiche Masse wie auf der Erde, aber ein anderes Gewicht.

Weltall
Würde ein 60 Kilogramm schwerer Mensch frei im All schweben, wirkt keine Anziehungskraft auf ihn und er wäre praktisch gewichtslos.

0 kg

Erde
Auf der Erde zeigt die Waage bei einem 60 Kilogramm schweren Menschen auch 60 Kilogramm an. Hier wirkt die Anziehungskraft des Planeten und wir werden von der Masse der Erde angezogen und schweben deshalb nicht ins All davon.

60 kg

„Sind Menschen länger im All, also nicht nur ein paar Tage, sondern Wochen oder sogar Monate, dann baut der Körper langsam Muskeln und Knochen ab", erklärte die Lehrerin. „Sie werden ja nicht mehr in dem Maße benötigt wie auf der Erde. Das merkten die ersten Astronauten nach ihrer Landung. Manche konnten nur mithilfe von Assistenten aufstehen und aus der Kapsel steigen. Auch das Gehen fiel ihnen schwer."

„Aber uns nicht", entgegnete Stella. „Und auch bei anderen Astronauten ist das nicht so."

„Natürlich nicht", sagte die Lehrerin. „Denn schnell haben die Menschen gelernt, dass man etwas gegen den Abbau von Muskeln und Knochen tun muss und auch kann."

„Unser Sport an Bord", grinste Tom.

„Ganz genau", nickte die Lehrerin. „Es wurden besondere Laufbänder, Fahrradtrainer und andere Sportgeräte entwickelt, mit denen jeder Astronaut jeden Tag mehrere Stunden trainieren muss."

Anders als auf der Erde muss man sich auf dem Laufband auf der ISS festschnallen; sonst würde man davonschweben.

„Und ob", stimmte Stella zu. „Das wissen wir ganz genau."

„Das Ergebnis kann sich sehen lassen. Manche Astronauten haben nach ihrer Landung sogar mehr Muskelmasse als vor dem Start. Diese Erfahrungen sind besonders wichtig, wenn man an längere Mond- oder Marsmissionen denkt. Denn auch auf dem Mond und dem Mars geht nichts ohne Sport. Dort herrscht zwar keine Schwerelosigkeit, aber eine geringere Schwerkraft als auf der Erde", sagte Plutinchen.

„Sport ist das halbe Astronautenleben", seufzte Stella. „Egal, was man im All so alles macht, immer muss man trainieren. Ich glaube, man läuft echt ganz schön viel in der Umlaufbahn um die Erde. Die ISS ist der reinste Fitnessclub."

Sunita Williams auf dem Fahrradergometer bei ihrem täglichen Sportprogramm.

„Der Muskel- und Knochenschwund bei Menschen wird natürlich auch wissenschaftlich genau untersucht", erklärte die Lehrerin. „Und man überprüft auch, wie das Fitnessprogramm dagegen hilft. Die Ergebnisse der Messungen können dazu beitragen, Krankheiten auf der Erde zu heilen."

„Die Astronauten sind also auch eine Art Versuchskaninchen. Aber sie machen es sehr gerne, denn auch sie ziehen ja Nutzen aus den medizinischen Studien", gab Plutinchen zu bedenken.

„Wichtig sind natürlich die wissenschaftlichen Experimente", fuhr die Lehrerin fort. „Denn viele Versuche lassen sich nur in der Schwerelosigkeit durchführen. Dazu gehören verschiedene Kristalle, etwa Eiweißkristalle, die sich auf der Erde nicht züchten lassen. Dort werden sie krumm und schief, im All gleichmäßig und perfekt. Diese Kristalle werden zurück zur Erde geschickt und dort untersucht. Die Ergebnisse

SCHMELZOFEN FÜR METALLE

In diesem elektromagnetischen Ofen werden Metalle geschmolzen.

In der Schwerelosigkeit verändern sich die Strukturen in den Kristallen. Das erforschen die Wissenschaftler auf der ISS.

werden genutzt, um etwa neue Medikamente, verbesserte Futtermittel und andere Stoffe zu entwickeln."

Plutinchen-Wissen!

Ein weiteres Experimentierfeld sind Metalle. In der Schwerelosigkeit verhalten sich geschmolzene Metalle ganz anders als auf der Erde. Man kann etwa neuartige Legierungen herstellen oder neuartige Gussverfahren entwickeln. Es geht darum, mit den Ergebnissen der Weltraumversuche später auf der Erde bessere Materialien herzustellen.

„Die Experimente im All helfen also den Menschen auf der Erde?", fragte Stella. „Ganz genau", antwortete die Lehrerin.

So technisch sieht es aus, wenn Pflanzen im All gezüchtet werden.

Die Setzlinge werden in die Nährstoffkissen eingesetzt.

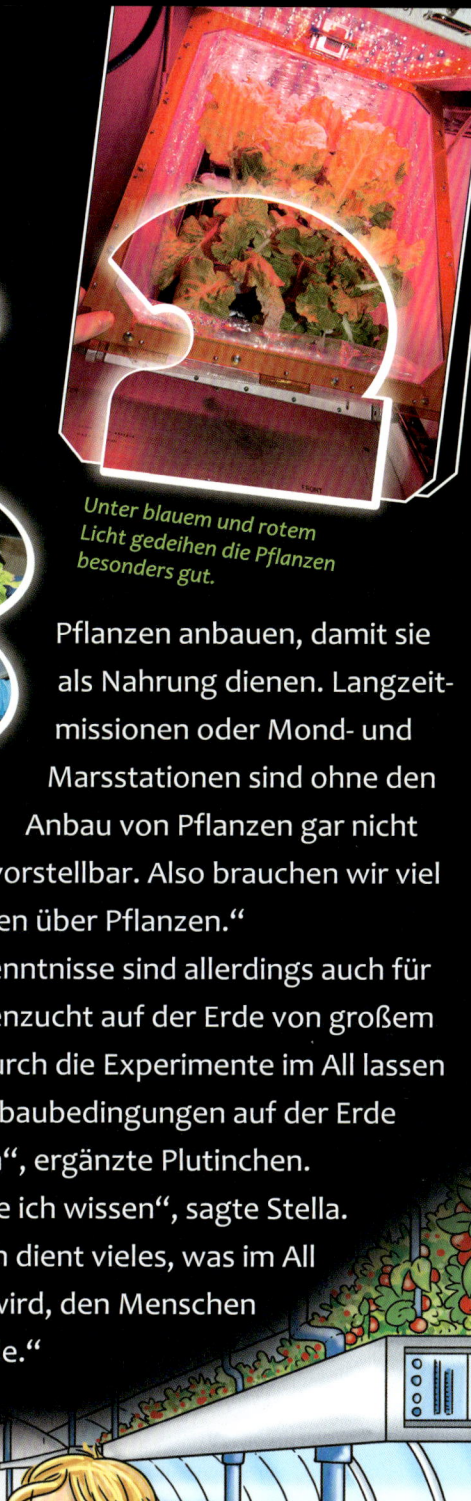

Unter blauem und rotem Licht gedeihen die Pflanzen besonders gut.

Das Senfkraut ist erntereif.

„Was ist mit den Pflanzen, die im All gezüchtet werden?", fragte Stella. „Die nutzen doch vor allem den Astronauten."

„Sie werden gezüchtet, um zu erfahren, wie sich Pflanzen in der Schwerelosigkeit verhalten", erklärte die Lehrerin. „Pflanzen orientieren sich nämlich an der Schwerkraft. Ihre Wurzeln wissen also, wo unten ist, und wachsen daher nach unten. Gravitropismus nennt man diese Eigenschaft. Aber im All herrscht Schwerelosigkeit. Die Wurzeln sehen anders aus, sie wachsen anders. Das ist wichtig zu wissen, will man im All Pflanzen anbauen, damit sie als Nahrung dienen. Langzeitmissionen oder Mond- und Marsstationen sind ohne den Anbau von Pflanzen gar nicht vorstellbar. Also brauchen wir viel mehr Wissen über Pflanzen."

„Viele Erkenntnisse sind allerdings auch für die Pflanzenzucht auf der Erde von großem Nutzen. Durch die Experimente im All lassen sich die Anbaubedingungen auf der Erde verbessern", ergänzte Plutinchen.

„Das wollte ich wissen", sagte Stella.

„Eigentlich dient vieles, was im All erforscht wird, den Menschen auf der Erde."

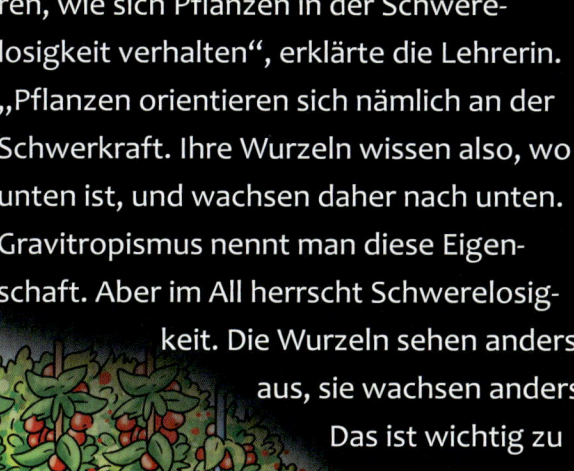

„Eine weitere, sehr wichtige Aufgabe für Astronauten ist der Spacewalk, auch Weltraumspaziergang genannt", sagte die Lehrerin. „Es ist zugleich die gefährlichste Aufgabe, denn der Astronaut verlässt die schützende Raumstation und setzt sich gleich mehreren Gefahren aus. Im All herrscht ein Vakuum, also Luftleere; die Temperaturen sind extrem: in der Sonne sehr heiß, im Schatten eisig kalt. Vor all dem schützt der Raumanzug – aber trotzdem ist es riskant. Vor allem muss man aufpassen, dass man nicht versehentlich davonschwebt. Deshalb werden Spacewalks stets mit Sicherheitsleinen durchgeführt, sodass die Astronauten immer mit der Station verbunden sind."

Plutinchen-Wissen!

Spacewalks sind notwendig, um Reparaturen durchzuführen oder neue Bauteile an der Außenhülle einer Raumstation zu befestigen. Trotz der Roboter und Roboterarme müssen Menschen diese Aufgaben übernehmen. Sie können die Situation nach wie vor besser beurteilen.

„Auch wenn der Einsatz im Tauchbecken geübt worden ist – im All sieht alles doch ein wenig anders aus", fuhr die Lehrerin fort. „So ist im Tauchbecken immer ein Arzt anwesend. Im All werden alle wichtigen medizinischen Informationen, also Puls, Atemfrequenz und Körpertemperatur, direkt an die Bodenstation übermittelt und dort von Ärzten kontrolliert. Sehen sie eine gefährliche Veränderung, wird der Einsatz sofort abgebrochen."

„Außerdem ist man ja immer zu zweit unterwegs", ergänzte Tom.

„Das gehört zur Sicherheit dazu", nickte die Lehrerin. „In einem Notfall ist sofort Hilfe möglich. Es muss nicht erst ein weiterer Astronaut in den Raumanzug steigen. Das würde viel zu lange dauern."

„Im Oktober 2019 waren zum ersten Mal in der Geschichte zwei Astronautinnen gemeinsam im Außeneinsatz", wusste Stella. „Das

Kosmonaut Alexander Skvortsov bei einem Spacewalk.

war auch höchste Zeit. Sie haben damals einen Stromregler repariert. Mit Akkuschraubern. Das ist gar nicht so leicht."

„Das stimmt", sagte die Lehrerin. „Denn der Raumanzug und die Werkzeuge haben in der Schwerelosigkeit zwar kein Gewicht, doch die Bewegungen fallen schwer. Der Anzug behindert sehr oft die Astronauten.

Bei dieser Mission im Jahr 2006 wurde die ISS weiter ausgebaut. Unter anderem bekam die Raumstation weitere Sonnensegel.

CHRISTER FUGLESANG

Randy Bresnik 2009 bei einer Neuinstallation am Columbus-Modul.

Noch dazu dauern die Einsätze in der Regel etwa sechs Stunden. Sie sind also sehr lang und anstrengend."

„Warum sind sie nicht kürzer?", fragte Tom. „Weil die Arbeiten langsam und konzentriert ausgeführt werden", antwortete die Lehrerin. „Es sollen ja keine Pannen passieren. Und die Sicherheit hat immer Vorrang. Dazu gehören auch die Sicherheitsleinen, die einen Astronauten daran hindern, ins All zu schweben. Ein Einsatz von einer Stunde kommt daher kaum vor, denn es wird immer mehr Zeit benötigt, damit alles klappt."

„Auch wenn neue Module an eine Raumstation angedockt werden, sind Astronauten im Einsatz. Sie überwachen alles und können jederzeit eingreifen", meinte Plutinchen.

COLUMBUS-MODUL

RAUMKAPSEL

(1) Der Hitze-
schutzschild des
Mars Science Laboratory.
(2) Nach der Landung in der
kasachischen Steppe. Der Hitze-
schutzschild der Sojus-Kapsel
ist ganz schwarz.

✓ Hitzeschutz-
schild

*Illustration
einer Sojus-Kapsel
beim Eintritt in die
Erdatmosphäre.*

ATMOSPHÄRE

*Am aufgespannten
Fallschirm sinkt die
Sojus-Kapsel zur
Erde und landet
schließlich.*

„Aber auch ohne Notfälle stehen natürlich immer genügend Raumschiffe für die Rückkehr zur Erde bereit", sagte die Lehrerin. „Wobei nicht jeder Astronaut mit einem eigenen Raumschiff zurückkehrt. Meist passen drei Raumfahrer in eine Rückkehrkapsel. Einige Wochen später starten dann im Gegenzug drei neue Raumfahrer zur Station."

„Wie lange dauert so ein Rückflug?", wollte Stella wissen.

„So etwa drei bis vier Stunden", antwortete die Lehrerin.

„Was ist mit dem Reisegepäck?", fragte Tom.

„Wenn die Mission an Bord einer Raumstation beendet ist, dann geht es zurück zur Erde", erklärte die Lehrerin. „Das geschieht natürlich wieder mit einem Raumschiff."

„Das fliegt mit einem Transportraumschiff zur Erde, denn es hat im Raumschiff der Astronauten keinen Platz. Experimente und persönliche Gegenstände werden vorher verstaut. Die Astronauten haben also kein Gepäck dabei. Nachdem das Raumschiff abgedockt hat, bremst es ab. Dafür zündet es die Triebwerke entgegen der Flugrichtung, wird dadurch langsamer und sinkt in Richtung Erde.

Plutinchen-Wissen!

An jeder Raumstation sind immer so viele Raumschiffe angedockt, dass im Notfall alle Raumfahrer die Station verlassen können. Dieser Notfall wird auch trainiert. Es könnte etwa ein Feuer an Bord ausbrechen oder ein größeres Leck entstehen. Schlimmstenfalls muss die Crew dann die Station so schnell wie möglich verlassen.

Besonders aufregend ist immer der Eintritt in die Erdatmosphäre. Dabei werden die Astronauten ganz schön durchgeschüttelt. Die Reibungshitze ist so groß, dass ein Raumschiff eigentlich verglühen müsste. Doch ein Hitzeschild verhindert das: Diese spezielle Schicht hält die hohen Temperaturen von mehreren Tausend Grad aus.

Ist der Wiedereintritt überstanden, wird das Raumschiff in der Atmosphäre durch Fallschirme weiter abgebremst und landet schließlich", erklärte die Lehrerin. „Vor Ort wartet schon eine Landemannschaft und hilft den Astronauten, das Raumschiff zu verlassen. Denn trotz des Muskeltrainings an Bord ist die Schwerkraft nach einem längeren Aufenthalt im All zunächst ungewohnt.

Mit der Landung ist die Arbeit der Astronauten keineswegs beendet. Jetzt geht es vor allem darum, die Experimente auszuwerten und manche der Versuche auch auf der Erde zu wiederholen, um Vergleiche anstellen zu können. Für die medizinische Forschung sind auch viele Nachuntersuchungen nötig. Das kann Monate oder sogar Jahre dauern. Und hiermit endet der Unterricht für heute", ergänzte die Lehrerin.

Nach der Landung einer Sojus-Kapsel bekommen die Astronauten traditionell einen Apfel gereicht.

Im Februar 2020 landet die Sojus-Kapsel in der Steppe von Kasachstan, der Astronaut Luca Parmitano braucht noch Hilfe beim Ausstieg.

Direkt nach der glücklichen Landung werden die Astronauten erst mal warm verpackt und es werden Fotos gemacht.

Alexander Gerst wird nach 165 Tagen im All gleich nach der Ankunft erst mal untersucht.

juhuuu, geschafft!

Glossar

Aggregat 4 (A4 oder V2): Die erste Rakete, die den Weltraum erreichte. Allerdings wurde sie nicht zu Forschungszwecken genutzt, sondern Deutschland setzte sie als Waffe im Zweiten Weltkrieg ein. Nach Kriegsende 1945 wurde die Rakete von der NASA für die Raumfahrt weiterentwickelt.

Alexej Leonow: Der erste Mensch, der frei im Weltraum schwebte. 1965 unternahm er den ersten Spacewalk oder Weltraumspaziergang. Der Kosmonaut verließ sein Raumschiff für rund zwölf Minuten und hing an einer Sicherungsleine.

Apollo-Programm: Amerikanisches Raumfahrtprogramm von 1961 bis 1972. Im Rahmen der Apollo-11-Mission betraten 1969 zum ersten Mal Menschen den Mond.

Astronaut: Bezeichnung für einen Raumfahrer, die vor allem in den USA und Westeuropa benutzt wird.

DLR: Abkürzung für Deutsches Zentrum für Luft- und Raumfahrt.

ESA: Europäische Weltraumbehörde. Die Abkürzung steht für European Space Agency.

Feststoffrakete: Rakete, die von festem Treibstoff angetrieben wird, etwa Pulver. Der Treibstoff verbrennt explosionsartig. Die Stärke des Schubs lässt sich nicht regeln.

Flüssigkeitsrakete: Rakete mit flüssigem Treibstoff. Über Rohre und Pumpen kann er je nach Bedarf verbrannt werden. Der Schub lässt sich so steuern.

Internationale Raumstation (ISS): Forschungsstation im All, auf der Raumfahrer zahlreicher Nationen zusammen arbeiten und forschen. Sie wurde zwischen 1998 und 2011 gebaut.

Juri Gagarin: Der erste Mensch im All. 1961 umrundete der sowjetische Kosmonaut die Erde im Raumschiff Wostok 1.

Kármán-Linie: Grenze zum Weltall. Sie liegt bei 100 Kilometern Höhe.

Kosmonaut: Bezeichnung für einen russischen Raumfahrer.

Laika: Der erste Hund im All. Bevor man Menschen in den Weltraum schickte, wurden testweise Tiere zu Raumfahrern. Vor der russischen Hündin, die 1957 ins All flog, waren auch schon Fruchtfliegen und ein Affe im Einsatz. Leider überlebten nicht alle Tiere den Ausflug ins Weltall.

NASA: Abkürzung für National Aeronautics and Space Administration, die Weltraumbehörde der USA.

Neil Armstrong: Der erste Mensch auf dem Mond. Der amerikanische Astronaut betrat 1969 als Erster die Mondoberfläche. Seine Worte „Das ist ein kleiner Schritt für einen Menschen, aber ein großer Sprung für die Menschheit!" wurden weltberühmt.

Parabelflug: Flug mit einem Flugzeug, das unter ganz bestimmten Bedingungen eine kurvenartige Flugbahn beschreibt. Auf diese Weise lässt sich für einige Sekunden Schwerelosigkeit nachahmen, sodass Astronauten sich daran gewöhnen können.

Roskosmos: Name der russischen Weltraumbehörde.

Rückstoßantrieb: Antrieb von Raketen, der nach dem Rückstoßprinzip funktioniert. Treibstoff wird verbrannt, wodurch Gas entsteht. Es tritt mit hoher Geschwindigkeit am unteren Ende der Rakete aus (Aktion). So wird eine Gegenkraft erzeugt (Reaktion), die die Rakete nach oben schiebt.

Schwerkraft: Anziehungskraft. Die Schwerkraft hält uns am Erdboden und beeinflusst auch unser Gewicht. Je stärker die Anziehungskraft, desto schwerer ist man. Befindet sich ein Astronaut zum Beispiel auf dem Mond, wiegt er durch die dort geringere Schwerkraft weniger als auf der Erde. Seine Masse bleibt jedoch gleich.

Sowjetunion: Kommunistischer Staat in Osteuropa und Nordasien, den es bis 1991 gab und zu dem auch das heutige Russland gehörte.

Spacewalk: Außenbordeinsatz im All. Bei einem solchen Weltraumspaziergang verlassen Raumfahrer in speziellen Anzügen die Raumstation, sind aber durch eine Leine gesichert. Sie führen dann zum Beispiel Reparaturen durch.

Sputnik 1: Der erste Satellit im All. Er wurde 1957 von der Sowjetunion in den Weltraum geschickt.

Vakuum: Luftleerer Raum.

Bildquellennachweis:
Archiv Tessloff: 16um (Feststoffrakete), 17ur (Rakete); Deutsches Zentrum für Luft- und Raumfahrt e. V. (DLR): 62or (CC_by_3.0_EML); **ESA:** 9ur (D. Ducros), 27um (Kapsel Landung: Novosti/alldayru.com), 3lmr (Experiment: NASA), 34u (Venera 13/Don P.Mitchell), 39o, 43ol (Zentrifuge: DLR), 47or, 58or (Portrait), 67mr (Astronauten im Schlafsack: Bill Ingalls), 67ul (A. Gerst: S. Corvaja, 2014); **Flickr:** 5mr (NASA/ Robert Markowitz), 37or (NASA), 41ul (2. Raumflug: NASA), 43mm (P. Whitson beim Training: Bill Brassard (NBL)_NASA), 43or (NASA/ Robert Markowitz), 48or (NASA), 57ur (ESA), 64ur (NASA), 65 (Spacewalk Columbus: NASA); **Getty:** 12ur (Stefano Bianchetti); **Johannes Blendinger:** 22ul (Weltkugel), 6our (Weltkugel); **NASA:** 4ol (Gagarin: PD), 5or (ISS), 9ol (Gagarin: PD), 30or (Skylab), 31o (ISS), 34um (Venera 7), 37mr, 42u (Zentrifuge), 44Hg. (Astronaut auf Mond), 44o, 46ol, 49or, 49ur (Roboterarmsystem), 50o (NASA/Beth Weissinger), 51or, 54-55u, 57or, 58Hg., 59ol, 60or, 61or, 61ul, 62ul, 63om (Nr.3), 63om (Nr.1), 63or (Nr.2), 63ol, 65or (Ausbau ISS), 66or (Hitzeschild), 66or (Kapsel: Sergey Vigovskiy), 66ol (Hitze Kapsel); **picture alliance:** 4ul (United Archives/TopFoto), 5ur (Fallschirm gelandet: AP Photo/ Sergei Remizov), 9mr (Sputnik: Ria Novosti), 12ul (Mary Evans Picture Library), 12um (Leemage | Costa), 13mm (United Archives/WHA), 13ol (imageBROKER | Heinz-Dieter Falkenstein), 23mr (Rakete: Mary Evans Picture Library), 24ul (AKG Images/ Staatl.Histor. Museum Moskau), 25or (United Archives/TopFoto), 25ur (H. Spencer: Photo12/Ann Ronan Picture Library), 26or (RIA Novosti), 26ul (Heritage Images | Fine Art Images), 28ur (NASA/Cover Images), 29or (Armstrong: AP Photo), 30ur (ADN Zentralbild), 33ul (D. Tito: AP Photo/ MIKHAIL METZEL), 33mr (Raketenstart: Newscom/ NASA/ Aubrey Gemignani), 48ul (TASS/ Stanislav Krasilnikov), 54ul (Dreharbeiten: Ullstein Bild), 66om (Fallschirm Wolken: Kirill Kudryavtcev/ Roskosmos), 66mm (Fallschirm gelandet: AP Photo/ Sergei Remizov), 67ml (Astronautin mit Apfel: EPA/SERGEI REMEZOV/POOL), 67mm (Ausstieg: NASA/ZUMAPRESS.com/ Bill Ingalls); **Shutterstock:** 4ml (Rakete: 3Dsculptor), 13Hg. (Rakete: 3Dsculptor), 18Hg. (Rakete: 3Dsculptor), 18or (Newton: Nicku), 20o (Hg. Sternenhimmel: EpicStockMedia), 26-27u (Erde: sdecoret), 32o (IndianSummer), 39ur (Vulkan: fboudrias), 47 (Hg. Spirale: Dexdrax), 48-49 (Hg. Formeln: Dr Project), 52o (Hg. Sternenhimmel: EpicStockMedia), 60or (Sport Icon: graphixmania), 61or (Sport Icon: graphixmania), 61ul (Sport Icon: graphixmania); **Wikipedia:** 13ur, 14ur (Portrait: PD), 14ur (Wellenfahrzeug: PD), 15ur (Portrait: PD), 17ul (Goddard: NASA), 23or (Foto aus All: U.S. Army/PD), 27ol (PD), 29or (NASA/ Bil Anders: Erde-Mond), 30om (MIR: NASA), 34-55 (NASA/JPL), 35ur (Schallplatte: NASA/ JPL), 36mm (Schwerelosigkeit: NASA), 37ur (NASA), 39um (A. Gerst: NASA), 41mr (NASA), 56u (NASA/ SpaceX), 57mr (NASA), 57ul (NASA)

Umschlagfotos: Shutterstock: U1Hg. (Erde: sdecoret), U1 (Astronaut links: Sergey Nivens), U4u (Rakete: Alones)

Copyright © 2020 TESSLOFF VERLAG, Burgschmietstraße 2–4, 90419 Nürnberg

www.tessloff.com

Die Kreativ-Crew rund um den kleinen Major Tom

© Kurt Fuchs

© Stefan Lohr

© MajorTon Entertainment KG

Bernd Flessner ...

... ist 1957 in Göttingen geboren, studierte Theater- und Medienwissenschaft, Germanistik und Neuere Geschichte in Erlangen. Promotion 1991 über die Zukunftsentwürfe von Arno Schmidt und Stanislaw Lem bei Theo Elm. Er arbeitet als Zukunftsforscher am Zentralinstitut für Wissenschaftsreflexion und Schlüsselqualifikationen (ZiWiS) der Friedrich-Alexander-Universität Erlangen-Nürnberg. Außerdem schreibt er für verschiedene Verlage wissenschaftliche Bücher, aber auch Romane und Kinder- und Jugendliteratur. Für den Tessloff Verlag hat er mehrere WAS IST WAS-Bände verfasst.

Stefan Lohr ...

... hat am 5.5.1972 Geburtstag. Er wurde in Leutkirch geboren und lebt heute in Ravensburg. Seine Lieblingsfarbe ist Blau. Und am liebsten illustriert er Bücher für Kinder. Wenn er Zeit hat, dann fährt er gern Achterbahn. Am liebsten mit Doppellooping. Sein größter Wunsch wäre es, einmal mit Major Toms Space Racer ein paar Loopings im Weltall zu drehen.

Peter Schilling

Wer kennt nicht „Major Tom (völlig losgelöst)" und hat dazu schon mal ordentlich abgetanzt? Der Sänger und Songschreiber Peter Schilling, von dem dieser und noch viele andere Songs stammen, hatte die geniale Idee, die Geschichte aus dem weltbekannten Lied weiterzuerzählen – und zwar als Geschichte für Kinder. Er ist, wie er sagt, im Herzen ein Kind geblieben und hat so die Idee zum kleinen Major Tom, Stella und Plutinchen gehabt. Und weil er den Autor und Weltraumfan Bernd Flessner kennengelernt hat, sind daraus Geschichten entstanden. Peter Schilling möchte gerne, dass Kinder die Möglichkeit bekommen, so viel wie möglich über unsere Welt und das Universum zu erfahren. Deshalb tauscht er sich gerne vor seinen Konzerten mit Kindern über das spannende Thema Weltraum aus.

Bisher erschienen:

Bd. 2: Space School:
Künstliche Intelligenz
ISBN 978-3-7886-4114-6

Buchreihe:

Bd. 1: Völlig losgelöst
ISBN 978-3-7886-4001-9

Bd. 2: Rückkehr zur Erde
ISBN 978-3-7886-4002-6

Bd. 3: Die Mondmission
ISBN 978-3-7886-4003-3

Bd. 4: Kometengefahr
ISBN 978-3-7886-4004-0

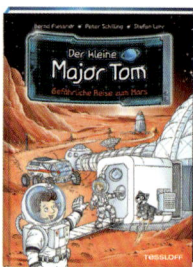

Bd. 5: Gefährliche
Reise zum Mars
ISBN 978-3-7886-4005-7

Bd. 6: Abenteuer auf
dem Mars
ISBN 978-3-7886-4006-4

Bd. 7: Außer Kontrolle!
ISBN 978-3-7886-4007-1

Bd. 8: Verloren im Regenwald
ISBN 978-3-7886-4008-8

Bd. 9: Im Bann des Jupiters
ISBN 978-3-7886-4009-5

Bd. 10: Im Sog des Schwarzen
Lochs
ISBN 978-3-7886-4010-1

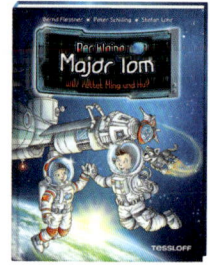

Bd. 11: Wer rettet Ming und Hu?
ISBN 978-3-7886-4011-8

Bd. 12: Plutinchen in Gefahr
ISBN 978-3-7886-4012-5

„Das Universum ist groß, die Erde unser Zuhause."

Peter Schilling